Mirko Menzel

Flexibilität und Unsicherheit als Werttreiber. Eine kritische Betrachtung zur Eignung des Realoptionsansatzes als Instrument im strategischen Entscheidungsprozess

Menzel, Mirko

Flexibilität und Unsicherheit als Werttreiber
Eine kritische Betrachtung zur Eignung des Realoptionsansatzes als Instrument im strategischen Entscheidungsprozess

Wismarer Beiträge zum Consulting, Band 1
Herausgegeben von:
Prof. Dr. Kai Neumann
Prof. Dr. Andreas von Schubert
Prof. Dr. Thomas Wilke
Prof. Dr. Jürgen Zeis

1. Auflage 2011, Bremen | ISBN: 978-3-86741-749-5
© Europäischer Hochschulverlag GmbH & Co. KG, Fahrenheitstraße 1, 28359 Bremen
(www.eh-verlag.de)
Alle Rechte vorbehalten.

Mirko Menzel

Flexibilität und Unsicherheit als Werttreiber

Wismarer Beiträge zum Consulting, Band 1

www.eh-verlag.de

Inhaltsverzeichnis

Abbildungsverzeichnis III
Tabellenverzeichnis IV
Anhangsverzeichnis V
Abkürzungsverzeichnis VI
Symbolverzeichnis VII

1. Einleitung 1
   1.1 Problemstellung und Zielsetzung 1
   1.2 Gang der Untersuchung 3
2. Operationalisierung der Shareholder Value Konzeption 4
   2.1 Leitmaxime Shareholder Value 4
   2.2 Definitorische Grundlagen 8
      2.2.1 Bedeutung und Kennzeichen von Investitionen 8
      2.2.2 Flexibilität als Reaktion auf Unsicherheit 12
   2.3 Bewertungsverfahren 15
      2.3.1 Systematisierung der Bewertungsverfahren 15
      2.3.2 Relevanz und Bedeutung der Bewertungsverfahren in der Praxis 17
      2.3.3 Defizite der bisherigen Bewertungsverfahren 19
         2.3.3.1 DCF-Verfahren 19
         2.3.3.2 Entscheidungsbaumverfahren 23
         2.3.3.3 Monte-Carlo-Simulation 25
      2.3.4 Ein Ausweg - Der Realoptionsansatz 27
3. Bewertung von Flexibilität und Unsicherheit 28
   3.1 Finanzoptionen 28
      3.1.1 Theoretische Fundierung 28
      3.1.2 Stochastischer Prozess 31
      3.1.3 Modellannahmen und Empirie 33
   3.2 Realoptionen 35
      3.2.1 Theorietransfer 35
      3.2.2 Modellparameter 38
      3.2.3 Optionsarten 39
      3.2.4 Optionspreisermittlung 42
         3.2.4.1 Arbitragefreiheit und Replikation 42
         3.2.4.2 Binomialmodell 44
         3.2.4.3 Black-Scholes-Modell 49
   3.3 Messung der Flexibilität und Unsicherheit 51
      3.3.1 Erfassung der Flexibilität 51
      3.3.2 Quantifizierung der Volatilität 53

3.3.2.1	Auswertung wissenschaftlicher Publikationen	53
3.3.2.2	Verfahren	57
3.3.2.2.1	Ergebnisdiskussion der Quellenanalyse	57
3.3.2.2.2	Historische und implizite Volatilität	60
3.3.2.2.3	EWMA-Modell	63
3.3.2.2.4	GARCH (1,1)-Modell	64

4. Implikationen für das strategische Management **67**
    4.1 Limitationen der Realoptionstheorie 67
    4.2 Bewertungsprozess für Realoptionen 71

5. Schlussbetrachtung **76**

Anhang **78**

Literatur- und Quellenverzeichnis **82**

Abbildungsverzeichnis

Abbildung 2.1:	Zielsystem eines Unternehmens	5
Abbildung 2.2:	Investitionsarten	8
Abbildung 2.3:	Investitionen in Deutschland	9
Abbildung 2.4:	Informationsstand des Entscheiders	13
Abbildung 2.5:	Systematik der Bewertungsverfahren	16
Abbildung 2.6:	Kapitalmarktlinie	21
Abbildung 2.7:	Entscheidungsbaum	23
Abbildung 2.8:	Beispiel zur Monte-Carlo-Simulation	25
Abbildung 2.9:	Risikoprofil und statistische Kenngrößen	26
Abbildung 3.1:	Grundgeschäftsarten	29
Abbildung 3.2:	Empirische und theoretische Renditeverteilung	34
Abbildung 3.3:	Cash Flow Struktur	37
Abbildung 3.4:	Systematisierung von Realoptionen	41
Abbildung 3.5:	Beispiel zur Replikation	43
Abbildung 3.6:	Simulation des Projektwerts im Binomialmodell	48
Abbildung 3.7:	Projektwertbestimmung mittels Binomialmodells	48
Abbildung 3.8:	Erweiterter Kapitalwert	52
Abbildung 3.9:	Methoden zur Quantifizierung der Volatilität	58
Abbildung 3.10:	Beispiel zur historischen Volatilität	61
Abbildung 3.11:	Implizite Volatilität und Basispreis	62
Abbildung 3.12:	Parameterschätzung im GARCH (1,1)-Modell	65
Abbildung 4.1:	Prozessmodell der Realoptionstheorie	72
Abbildung 4.2:	Optimale Ausübung realer Optionen	74
Abbildung 5.1:	Vorgehensweise innerhalb der Arbeit	76

Tabellenverzeichnis

Tabelle 2.1: Verbreitung der Bewertungsverfahren 18
Tabelle 3.1: Optionsparameter und Wirkungsrichtung 30
Tabelle 3.2: Parameter einer Realoption 39
Tabelle 3.3: Quantifizierung der Projektvolatilität 57

Anhangsverzeichnis

Anhang 1: Investitionsziele 78
Anhang 2: Bruttoanlageinvestitionen und Investitionsquoten Deutschlands 79
Anhang 3: Dynamische Replikation 80

Abkürzungsverzeichnis

ARCH	Autoregressive Conditional Heteroscedasticity
BIP	Bruttoinlandsprodukt
BSM	Black-Scholes-Modell
c.p.	ceteris-paribus
CAPM	Capital Asset Pricing Model
CF	Cash Flow
DCF	Discounted Cash Flow
EW	Erwartungswert
EWMA	Exponentially Weighted Moving Average
F&E	Forschung & Entwicklung
GARCH	Generalized Autoregressive Conditional Heteroscedasticity
GLD	Gleitender Durchschnitt
GLS	Gleichungssystem
MAD	Market Asset Disclaimer
M&A	Mergers and Acquisitions
MC-Simulation	Monte-Carlo-Simulation
NPV	Net Present Value
ROA	Realoptionsansatz
TN	Teilnutzen
WACC	Weighted Average Cost of Capital

Symbolverzeichnis

Allgemeine Symbole

a	Driftfaktor
b	Streufaktor
$B(n\|N,p)$	Binomialverteilung
c	Call
d	down (Abwärtsbewegung)
d_1, d_2	Werte von N(x)
dz	Wiener Prozess
D	Dividende
e	Eulersche Zahl
$E(r_m)$	Erwartungswert der Rendite des Marktportfolios
EK	Marktwert des Eigenkapitals
FK	Marktwert des verzinslichen Fremdkapitals
GK	Marktwert des Gesamtkapitals
i	Zinssatz
I	Investition
K	Basispreis
ln	natürlicher Logarithmus
M	Marktportfolio
N	Summe der Schritte im Binomialmodell
N(x)	Standardnormalverteilung
$N(\mu,\sigma^2)$	Normalverteilung
n	Anzahl
$\vec{p}$	Preisvektor
p	risikoneutrale Wahrscheinlichkeit; Put
r	risikoloser Zinssatz
r_{EK}	Renditeforderung der Eigenkapitalgeber
r_f	risikofreie Rendite
r_{FK}	Renditeforderung der Fremdkapitalgeber

S	Aktienkurs, Projektwert
t	Unternehmenssteuersatz; Periode t
T	Restlaufzeit, Beobachtungszeitraum
u	up (Aufwärtsbewegung)
V_L	durchschnittliche Varianz
α	Wachstumsfaktor
α, β, γ	Gewichtungsfaktoren im GARCH-Modell
β	unternehmensspezifischer Beta-Faktor
ε	standardnormalverteilte Zufallsvariable
μ	Mittelwert; Erwartungswert
Ω	Auszahlungsmatrix
$Ω^{-1}$	inverse Auszahlungsmatrix
π	Zustandspreis eines reinen Wertpapiers
Φ	Verteilungsfunktion
σ	Standardabweichung, Volatilität
$σ^2$	Varianz
∫	Integraloperator
∑	Summenoperator

Subskripte

o	Anfangswert
a	Anfangswert
i	Laufindex
s	Laufindex
l	Laufindex
n	Anzahl der Variablen

1. Einleitung

1.1 Problemstellung und Zielsetzung

Nachdem die Optionstheorie ihren Siegeszug in der Finanzwelt angetreten hatte, war es nur noch eine Frage der Zeit, bis dieses Bewertungsverfahren ebenfalls für reale Investitionsvorhaben zur Anwendung käme. Befürworter der Optionstheorie argumentieren, dass die Bedingungen, unter denen reale Investitionen zu bewerten sind, häufig derer einer Finanzoption gleichen. Offerieren Investitionen dem Management dabei Handlungsspielräume, die in der Zukunft zum Vorteil des Unternehmens genutzt werden können, wird dies mit dem Begriff der *Realoption* bezeichnet.

Auf den ersten Blick wirkt eine Realoption abstrakt, da sie einer intuitiven Bewertung verwehrt bleibt. Dabei weisen zahlreiche Situationen in der Unternehmenspraxis den Charakter einer Option auf, der beispielsweise bei Vertragsgestaltungen, der Gründung von Joint Ventures, der Erschließung von Rohstoffen oder bei Investitionen zum Aufbau eines Lieferanten zur Geltung kommt. Das übereinstimmende Merkmal dieser Beispiele spiegelt sich in der Struktur der Zahlungsströme wider. Durch eine initiale Investitionsauszahlung besteht unternehmensseitig die Möglichkeit, die Umweltentwicklung, respektive den wertbeeinflussenden Unsicherheitsfaktor, beobachten zu können, bevor über weitere Investitionstätigkeiten zu entscheiden ist. Bezogen auf das Beispiel der Rohstoffexploration, kann ein Unternehmen durch Zahlung einer Lizenzgebühr die Entscheidungsfreiheit erlangen, erst dann mit dem Abbau des Rohstoffs zu beginnen, wenn dessen Marktpreis ein vorteilhaftes Niveau erlangt hat.[1]

Im Mittelpunkt des Interesses steht schließlich die Frage, wie solche Rechte monetär zu erfassen sind. Diese Frage weist vor dem Hintergrund einer Shareholder Value Orientierung eine besondere Brisanz auf. Demnach sind Unternehmen dazu angehalten, jeweils Handlungen zu initiieren, die einen positiven Einfluss auf den Unternehmenswert ausüben. Dazu gehört eine entsprechende Auswahl von Investitionsmöglichkeiten, die einen wertmaximalen Beitrag liefern.[2] Die bekanntesten Verfahren, welche diese Auswahl gewährleisten sollen, sind die DCF-Verfahren. Den Verfahren wird nun zum Vorwurf gemacht, dass sie real existierende Handlungsspielräume nur unzureichend bewerten können.

---

[1] Das Beispiel der Rohstoffförderung wird im Laufe der Arbeit erneut aufgegriffen und einer weiterführenden Betrachtung unterzogen.
[2] Vgl. Perridon u. a. (2009), S. 16f.

Diese Unzulänglichkeiten sollen durch die Realoptionstheorie beseitigt werden. Diese Theorie bietet einen „neuen" Zugang zur Bewertung komplexer Situationen und erfordert teilweise ein Umdenken. Wird Risiko allgemeinhin in den DCF-Bewertungsverfahren als negativ und wertmindernd beurteilt, behandelt die Optionstheorie dieses konträr.[3]

Die vorliegende Arbeit widmet sich dem Grundproblem, dass eine effiziente Kapitalallokation die Basis für eine Maximierung des Unternehmenswerts bildet. Die Identifikation wertmaximaler Investitionen ist mit dem gegebenen Instrumentarium häufig nur unzureichend möglich. Daher wird überprüft, inwiefern die Realoptionstheorie die vermeintliche Lücke schließen kann.

Im Rahmen der Schwerpunktsetzung nimmt der noch zu erläuternde Parameter σ, welcher die Unsicherheit einer Investition kennzeichnet, einen besonderen Stellenwert ein. Für diese Master Thesis werden zwei Zielsetzungen formuliert:

1. Der Parameter σ hat zumeist einen entscheidenden Einfluss auf den Wert einer Option.[4] Die Bestimmung eines exakten Wertes gestaltet sich für eine Realoption im Vergleich zu einer Finanzoption als besonders kompliziert und schwierig. Eine Analyse der wissenschaftlichen Literatur zu diesem Themenfeld soll einen ersten Überblick zu den Verfahren der Quantifizierung geben. Darauf aufbauend folgt eine Vervollständigung und Systematisierung mit dem Ziel, einen geschlossenen Rahmen zur Volatilitätsbestimmung bieten zu können.

2. Eine kritische Betrachtung des Realoptionsansatzes muss die Frage stellen, mit welchen Limitationen der Ansatz konfrontiert wird. Dies beginnt bei den Grundannahmen der Optionstheorie und geht über zu den Bewertungsmodellen sowie zu den Ergebnissen der Quellenanalyse. Letztlich bildet die kritische Auseinandersetzung die Grundlage, um abschließend den Nutzen des Ansatzes für die strategische Ebene beurteilen zu können.

---

[3] Vgl. Hilpisch (2006), S. 93 und Perridon u. a. (2009), S. 138.
[4] Dies bedarf einer fallspezifischen Betrachtung. Der Einfluss der Unsicherheit auf den Optionswert kann beispielsweise über eine Sensitivitätsanalyse ermittelt werden. In der Finanzoptionstheorie wird dazu das Vega einer Option herangezogen, welches die Ableitung des Optionswerts nach der Volatilität darstellt. Der größte wertbestimmende Einfluss geht von einer Volatilitätsänderung aus, wenn die Option „am Geld" ist bzw. diese eine lange Restlaufzeit aufweist. Hierzu vgl. Heidorn (2009), S. 186.

1.2 Gang der Untersuchung

Das zweite Kapitel orientiert sich an der Fragestellung, inwiefern das vorhandene Bewertungsinstrumentarium des Shareholder Values Ansatzes eine wertmaximale Steuerung der Ressource *Kapital* ermöglicht. Daher wird zunächst der Investitionsbegriff erläutert und seine Bedeutung auf makro- und mikroökonomischer Ebene herausgestellt. Bevor die „klassischen" Bewertungsverfahren auf ihre Eignung zur Quantifizierung von Handlungsspielräumen betrachtet werden, ist der Status quo der Verbreitung und Akzeptanz der verschiedenen Bewertungsverfahren in der Praxis zu erfassen. Dies geschieht über eine Auswertung entsprechender Studien.

Zu Beginn des dritten Kapitels werden die Annahmen des stochastischen Preisprozesses eines Wertpapiers der Empirie gegenübergestellt, um Unzulänglichkeiten der allgemeinen Optionstheorie aufdecken zu können. Anschließend folgt eine einführende Darstellung zur Theorie der Realoptionen. Diese beinhaltet sowohl den Theorietransfer von der Betrachtung der Finanz- zu den Realoptionen als auch ein Aufzeigen der Vielfalt unternehmerischer Handlungsspielräume. Einen wesentlichen Bestandteil dieses Kapitels bilden die verschiedenen Verfahren der Realoptionswertermittlung, die beginnend über das Argument der Arbitragefreiheit, der Existenz von Zustandspreisen, bis hin zu risikoneutralen Wahrscheinlichkeiten präsentiert werden. Der Hauptteil des dritten Kapitels ist der formulierten Zielsetzung der Erstellung eines geschlossenen Rahmens für die Methoden der Volatilitätsquantifizierung gewidmet.

Das vierte Kapitel dient der zusammenfassenden Darstellung der Limitationen des Realoptionsansatzes und der Beurteilung des Nutzens für die strategische Ebene. Die Arbeit endet mit einer Reflexion der Ergebnisse.

2. Operationalisierung der Shareholder Value Konzeption

2.1 Leitmaxime Shareholder Value

Die Analyse des Realoptionsansatzes (ROA) als Bewertungsverfahren für Investitionen[5] bedingt eine Betrachtung der operativen, strategischen und normativen Handlungsebene des Managements.[6] Letztgenannte Ebene, präzisiert durch die Unternehmenspolitik, definiert die Ziele des Unternehmens.[7] Dabei müssen unterschiedliche, teils divergierende, Interessen verschiedener Anspruchsgruppen in einem Zielbildungsprozess zum Ausgleich gebracht werden.[8] Als strategisch bedeutsame Anspruchsgruppen können beispielsweise die Eigen- und Fremdkapitalgeber, Kunden, Lieferanten, Mitarbeiter und das Management angeführt werden.[9] Als gemeinsames Hauptziel aller Anspruchsgruppen ist das Existenzsicherungsziel des Unternehmens zu nennen. Daran schließen sich die unterschiedlichen und zugleich individuellen Oberziele der Anspruchsgruppen an, deren jeweilige Zielerfüllung wiederum Nutzen stiftet.[10]

Eine Unternehmenspolitik, welche sich idealisiert an einer Nutzenmaximierung aller Anspruchsgruppen orientiert, muss leider verneint werden, da dies sowohl praktisch als auch mathematisch nicht umsetzbar ist. So können, beispielhaft angeführt, entweder die Ansprüche der Eigenkapitalgeber bei einem Mindestmaß an Kundenzufriedenheit maximiert werden oder die Unternehmensführung entscheidet sich, bei einer gegebenen/geforderten Mindestrendite, Handlungen zu initiieren, die zu einer maximalen Kundenzu-

---

[5] Der Begriff der Investition ist in diesem Zusammenhang sehr weit gefasst. Hierunter fallen beispielsweise Investitionen in ein Joint Venture, einen Kraftwerksbau, ein Forschungsprojekt, M&A Aktivitäten oder als Spezialfall die Übernahme kompletter Unternehmen.

[6] Eine operative Sichtweise wird im dritten Kapitel eingenommen, welches sich mit den zugrunde liegenden Bewertungsvoraussetzungen und Anwendungsmöglichkeiten des Instruments befasst. In Kapitel 4 ist abschließend die Frage zu diskutieren, inwiefern der ROA den strategischen Entscheidungsprozess im Unternehmen unterstützen kann. Eine kurze Einführung zur begrifflichen Abgrenzung der einzelnen Ebenen findet sich bei Hungenberg und Wulf (2006), S. 26-29.

[7] Vgl. Dillerup und Stoi (2006), S. 70.

[8] Vgl. ebenda, S. 71 und Heinen (1992), S. 95f. HEINEN bezeichnet den Zielbildungsprozess als „Verhandlungsprozess", da widerstrebende Interessen in einem gemeinsamen Kompromiss zu manifestieren sind.

[9] Vgl. Görlitz (2007), S. 423. Hierbei handelt es sich um eine unvollständige Aufzählung, die lediglich der Verdeutlichung dienen soll. Zur Erfassung aller relevanten Anspruchsgruppen wird die Methode des „Stakeholder Scanning" vorgeschlagen. Hierzu vertiefend Brade (2005), S. 47-60.

[10] Vgl. Görlitz (2007), S. 417 sowie Stührenberg u. a. (2003), S. 3.

friedenheit führen.[11] Einen Überblick über das Zielsystem eines Unternehmens bietet die nachfolgende Abbildung.

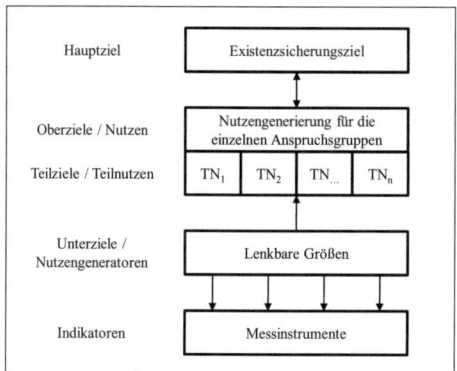

Abbildung 2.1: Zielsystem eines Unternehmens[12]

Dabei haben sich zwei unterschiedliche Sichtweisen entwickelt, die beschreiben, wie Unternehmensziele entstehen und welche Priorisierung mit diesen einhergeht. Die erste Perspektive, die unternehmensseitig eingenommen werden kann, bezeichnet man als Shareholder Value Ansatz.[13] Im Fokus der Betrachtung stehen hierbei die Ansprüche der Anteilseigner (Shareholder) eines Unternehmens, deren Interessen im Sinne der oben geführten Ziel- und Wertediskussion zu maximieren sind. Diese normative Grundsatzentscheidung wird dadurch legitimiert, dass die Eigentümer jene Interessensgruppe darstellen, die nur einen Anspruch auf das unsichere Residuum der Geschäftstätigkeit haben, nachdem alle anderen Ansprüche bedient wurden.[14] Das unternehmerische Risiko wird hierbei durch die Haftungs- und Verlustausgleichsfunktion des zur Verfügung gestellten Eigenkapitals getragen.

Die Operationalisierung des Shareholder Value erfolgt über den Marktwert des Eigenkapitals. Dieses ergibt sich aus der Subtraktion von Gesamt- und

---

[11] Vgl. Martin (2010), S. 79f. An dieser Stelle sei auf die lineare Optimierung mittels Simplex-Algorithmus verwiesen. Dieses Verfahren erfordert, dass nur eine Variable maximiert bzw. minimiert werden kann. Die restlichen Variablen sind als (untergeordnete) Bedingungen zu berücksichtigen.
[12] Quelle: Eigene Darstellung in Anlehnung an Görlitz (2007), S. 419.
[13] Hierzu vgl. Körnert und Wolf (2007), S. 133 sowie Dillerup und Stoi (2006), S. 137f. Im deutschsprachigen Raum wird der Begriff der „wertorientierten Unternehmensführung" stark mit der Shareholder Value Konzeption assoziiert.
[14] Vgl. Hungenberg und Wulf (2006), S. 57.

Fremdkapital, jeweils zu Marktpreisen bewertet.[15] Anschaulich entspricht dies dem Barwert der zukünftigen Wertbeiträge, die dem Unternehmen marktseitig zugetraut werden.[16] Eine Orientierung am Shareholder Value soll letztlich eine effiziente Kapitalallokation im Unternehmen gewährleisten. Die Ausrichtung der Unternehmensführung an den finanziellen Interessen der Eigentümer bedingt, dass Investitionen nach dem Kriterium der Wertgenerierung auszuwählen sind. Wert wird in diesem Sinne erst geschaffen, wenn die Kapitalerträge die Kapitalkosten einer Investition übersteigen.[17] Die Auswahl einer Investitionsmöglichkeit in beispielsweise F&E-Projekte, Strategien oder Innovationsprozesse darf demnach nur dann erfolgen, wenn der Wertbeitrag der ausgewählten Möglichkeit maximal ist.[18] RUHSERT u. a. formulieren dies treffend: *„No margin no mission."*[19]

Zur Bestimmung des Shareholder Value (Marktwert des Eigenkapitals) werden vorrangig die DCF-Verfahren[20] herangezogen, da diese den ökonomischen Wert als Barwert zukünftiger Wertbeiträge berechnen.[21] Die zukünftigen Wertbeiträge sind als prognostizierte Cash Flows zu verstehen, die mittels des Kapitalkostensatzes (WACC[22]) auf den Bewertungsstichtag t_0 diskontiert werden.[23]

Die einseitige Orientierung an den Eigentümerinteressen wird seitens der Vertreter der zweiten Sichtweise stark kritisiert. Demnach sind Unternehmen interessens-pluralistische Gebilde, die sämtliche Ansprüche im Zielbildungsprozess berücksichtigen müssen.[24]

---

[15] Vgl. Stührenberg u. a. (2003), S. 2.
[16] Vgl. Ruhsert u. a. (2008), S. 83. Eine ständige Marktbewertung des Eigenkapitals erfolgt beispielsweise an der Börse (Kotierung vorausgesetzt).
[17] Vgl. Freihube (2001), S. 10 und Ruhsert u. a. (2008), S. 5.
[18] Vgl. Dillerup und Stoi (2006), S. 137-139 sowie Ruhsert u. a. (2008), S. 5.
[19] Ruhsert u. a. (2008), S. 5.
[20] Hierbei wird zwischen Equity- und Entity-Ansätzen unterschieden. Im Equity-Ansatz wird der Shareholder Value direkt durch Diskontierung der den Eigentümern zustehenden Zahlungen bestimmt. Mittels der Entity-Ansätze wird zunächst der gesamte Unternehmenswert bestimmt, so dass eine Subtraktion des Fremdkapitals erfolgen muss, um zur gewünschten Größe gelangen zu können. Hierzu vgl. Lüers (2006), S. 15.
[21] Vgl. Stührenberg u. a. (2003), S. 7. Daneben existieren weitere Verfahren wie beispielsweise das Kapitalwertverfahren, Multiplikatoren oder der „Economic Value Added". Hierzu vgl. Lüers (2006), S. 15. Als weiteres Verfahren zur Sicherstellung einer wertorientierten Politik führen PERRIDON und STEINER den Cash Flow ROI an. Hierzu vgl. Perridon und Steiner (2004), S. 16.
[22] Weighted Average Cost of Capital.
[23] Vgl. Freihube (2001), S. 11.
[24] Vgl. Puma (2002), S. 35f.

In Abgrenzung zum Shareholder Value wird diese Position als *Stakeholder Value Ansatz*[25] bezeichnet. Eine Abwägung der Für und Wider für eine Position soll, aufgrund der gebotenen Kürze, nicht erfolgen. Es ist jedoch festzuhalten, dass es sich hierbei um keine „Entweder-oder" Diskussion handeln kann. Langfristig kann ein Unternehmen seine Existenz nur dann sichern, wenn sich keine der Anspruchsgruppen vom Unternehmen abwendet. Die Einnahme einer extremen Sichtweise, die beispielsweise zu einer gänzlichen Nichtbeachtung der Eigentümerinteressen führt, würde auf der anderen Seite zu einer mangelnden Attraktivität für neue Eigenkapitalgeber führen, wodurch ebenfalls die Bedingungen der weiteren Fremdkapitalbeschaffung verschlechtert würden.[26] In der Unternehmenspraxis zeigen sich daher selten die Reinformen einer absoluten Stake- oder Shareholderorientierung, sondern zumeist Mischformen, in denen ein Konzept eine übergeordnete Bedeutung besitzt.[27]

Dies soll abschließend an einem Beispiel verdeutlicht werden. Trotz massiver öffentlicher Kontroversen am Geschäftsmodell der *Deutschen Bank*, gehörte die Bank im Jahr 2008 mit einem Fördervolumen von 82,3 Mio. € in gesellschaftliche Projekte (Soziales, Bildung, etc.) zu den weltweit engagiertesten Unternehmen.[28] Auf der anderen Seite wird auf der Website der Deutschen Bank eindeutig kommuniziert, dass jene Geschäftsbereiche unterstützt werden, die *„...den größtmöglichen positiven Effekt auf unsere Rentabilität und unseren Shareholder Value aufweisen."*[29]

Unter der Prämisse einer wertorientierten Unternehmensführung soll im Rahmen dieser Arbeit überprüft werden, ob mittels des in der Praxis vorherrschenden Bewertungsinstrumentariums tatsächlich immer die wertmaximale Investitionsmöglichkeit bestimmt wird. Dazu wird im nächsten Abschnitt der Investitionsbegriff präzisiert und seine charakteristischen Eigenschaften erfasst. Daran schließt sich eine Analyse der gängigen Bewertungsverfahren

---

[25] Problematisch ist die Operationalisierung des Stakeholder Value für ein Unternehmen. Der Wert ergibt sich hierbei aus der Differenz von Nutzen- und Kosteneffekten der jeweiligen Anspruchsgruppen. Zusätzlich muss die Veränderung dieses Wertes durch unternehmerische Entscheidungen erfassbar sein. Mathematisch betrachtet erfolgt somit eine Maximierung der Summe der Einzelwerte, die nicht mit einer Maximierung der jeweiligen Einzelwerte gleichzusetzen ist. Eine etwaige Gewichtung einzelner Interessen findet aufgrund der konzeptionellen Gleichgewichtung keine Berücksichtigung. Hierzu vgl. Hungenberg und Wulf (2006), S. 58f.

[26] Vgl. Hungenberg und Wulf (2006), S. 60-63. Die eingeschränkten Möglichkeiten der Fremdkapitalbeschaffung würden notwendige Investitionen zur Verbesserung der Wettbewerbsposition deutlich erschweren. Ein Teufelskreis würde initiiert.

[27] Vgl. Fiedler (2007), S. 63.

[28] Vgl. Deutsche Bank (2010a), URL siehe Literatur- und Quellenverzeichnis.

[29] Deutsche Bank (2010b), URL siehe Literatur- und Quellenverzeichnis.

an, um deren Limitationen beurteilen zu können. Der Schwerpunkt der Betrachtung liegt bei den bereits erwähnten DCF-Verfahren.

2.2 Definitorische Grundlagen

2.2.1 Bedeutung und Kennzeichen von Investitionen

Der Investitionsbegriff ist lateinischen Ursprungs (investire = einkleiden) und beschreibt das „Einkleiden" eines Unternehmens mit Vermögensgegenständen.[30] Hierzu zählen als Investitionsarten die Sach- und Finanzinvestitionen sowie die immateriellen Investitionen.[31] Sachinvestitionen lassen sich ferner nach ihrem Zweck in Erst-, Ersatz- und Erweiterungsinvestitionen unterteilen.

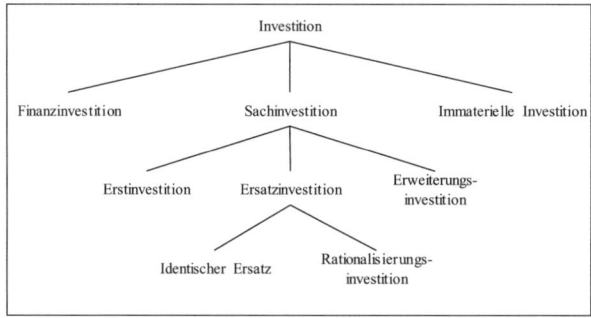

Abbildung 2.2: Investitionsarten[32]

Eng mit der Thematik der Ersatzinvestitionen ist die Substitution von Arbeitskräften durch den Produktionsfaktor Kapital verbunden. Sogenannte substitutionale Produktionsfaktoren können untereinander ausgetauscht werden, ohne dabei die Ausbringungsmenge (Output) zu verändern.[33] Steht ein Unternehmer vor der Entscheidung, eine Ersatzinvestition (z. B. in eine Produktionsanlage) tätigen zu müssen, so wird er beispielsweise mittels einer Kostenvergleichsrechnung überprüfen, ob eine Rationalisierungsinves-

---

[30] Vgl. Perridon und Steiner (2004), S. 27.
[31] Vgl. Wöhe (2000), S. 620f. Finanzinvestitionen weisen entweder einen spekulativen oder anlageorientierten Hintergrund auf. Hierzu zählen beispielsweise Einlagen, Beteiligungen oder Zertifikate. Urheberrechte und Software werden den immateriellen Investitionen zugerechnet. Hierzu vgl. Götze (2008), S. 8 und Bundesregierung (Hrsg., 2008), S. 50.
[32] Quelle: Eigene Darstellung in Anlehnung an Perridon und Steiner (2004), S. 29.
[33] Vgl. Gabler Wirtschaftslexikon (2000), S. 2982f. [Stichwort: Substitutionale Produktionsfaktoren].

tition gegenüber einer identischen Ersatzinvestition vorzuziehen ist (vgl. Abb. 2.2). Benötigt die Rationalisierungsinvestition weniger Arbeitskräfte als die Ersatzinvestition zum Betrieb der Produktionsanlage, so wird dies positiv mit geringeren Lohnkosten in der Vergleichsrechnung erfasst. Das Entscheidungskriterium bildet demnach die Alternative mit den geringsten Gesamt- oder Stückkosten.[34] An dieser Stelle wird die Brisanz aktueller Diskussionen über Mindestlöhne (Erhöhung der Kosten des Produktionsfaktors) und Bildung (Steigerung der Produktivität) allzu deutlich.

Im Gegensatz dazu sind Erweiterungsinvestitionen anzuführen, die zu einer Aufstockung der Produktionskapazitäten und zu einer Schaffung von neuen Arbeitsplätzen führen. Diese Investitionsart bedingt prosperierende Märkte, Rationalisierungsinvestitionen hingegen werden vornehmlich in stagnierenden Wirtschaften getätigt. Insgesamt kann festgehalten werden, dass unternehmerische Investitionstätigkeiten einerseits Arbeitsplätze schaffen, diese andererseits auch zugleich reduzieren können. Welcher Effekt überwiegt, hängt von den spezifischen volkswirtschaftlichen Gegebenheiten ab.[35]

Für eine quantitative Erfassung der Größenordnungen der Investitionstätigkeit innerhalb Deutschlands werden im Folgenden die volkswirtschaftlichen Gesamtrechnungen des Statistischen Bundesamtes herangezogen.

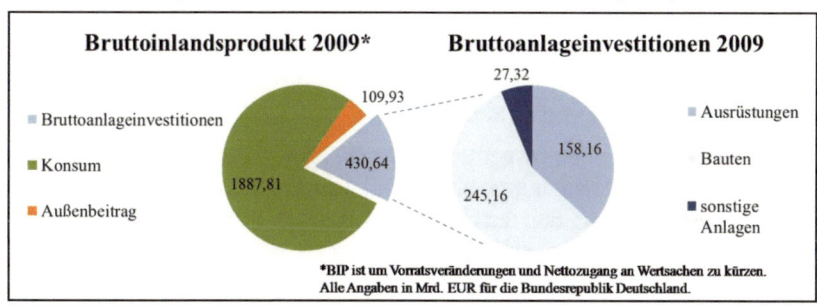

Abbildung 2.3: Investitionen in Deutschland[36]

---

[34] Vgl. Zantow (2007), S. 408. Ausführlicher zur Substitutionshypothese vgl. Bärtl (2005), S. 77-116.
[35] Vgl. Neubauer (2001), S. 17f. Für die deutsche Wirtschaft kann festgehalten werden, dass eindeutig den Erweiterungsinvestitionen eine dominierende Stellung in den letzten Jahren zuzuschreiben ist. Das Institut der deutschen Wirtschaft Köln veröffentlicht hierzu jährlich die Ergebnisse einer Befragung, welche Unternehmen zur Angabe von Investitionszielen auffordert. Die Ergebnisse sind im Anhang 1 aufgeführt und unterstreichen den Kapazitätserweiterungseffekt der vergangenen Jahre. Hierzu vgl. Institut der deutschen Wirtschaft Köln (Hrsg., 2009), S. 28.
[36] Quelle: Eigene Darstellung. Daten entnommen aus: Statistisches Bundesamt (2010), S. 77*. Zu den Bruttoanlageinvestitionen gehören Ausrüstungen (Maschinen, Fahr-

Eine differenzierte Aufschlüsselung der Investitionsstruktur der Abbildung sowie deren zeitliche Veränderung (2006-2009) befindet sich im Anhang 2. Bei der Verwendung des Bruttoinlandsprodukts (BIP) zeigt sich, dass die Investitionsquote (Bruttoanlageinvestitionen in Prozent des BIP) mit rund 18 Prozent im Jahr 2009 leicht rückläufig ist, nachdem diese im Zeitraum von 1991-2000 durchschnittlich bei 21 Prozent und in den darauffolgenden Jahren auf einem Niveau von rund 19 Prozent lag.[37] Deutschland weist somit eine Investitionsquote auf, die im Vergleich zu weiteren Volkswirtschaften im unteren Bereich liegt.[38]

Es kann festgehalten werden, dass den Bruttoanlageinvestitionen aufgrund ihrer direkten Einflussnahme auf die Konjunktur und das Wirtschaftswachstum eine große Bedeutung zukommt, da von diesen starke Einkommens- und Beschäftigungseffekte ausgehen. Letztlich sind Investitionen eine unabdingbare Voraussetzung für die wirtschaftliche Leistungskraft und Wettbewerbsfähigkeit einer Volkswirtschaft, deren Innovationsfähigkeit insbesondere durch Investitionen in Ausrüstungen und immaterielle Güter gesichert wird.[39]

POGGENSEE verweist in diesem Zusammenhang auf die Notwendigkeit der effizienten Kapitalallokation innerhalb einer Volkswirtschaft. Verbesserte Investitionsentscheidungen, bedingt durch genauere Investitionsrechnungen, könnten demnach große Effizienzreserven freisetzen. Eine Einsparung von 10 Prozent der Bruttoanlageinvestitionen des Jahres 2009 entspräche einem Betrag in Höhe von 43 Mrd. EUR.[40]

Bevor nun die gängigen Investitionsbewertungsverfahren auf ihre Eignung zur Generierung entscheidungsrelevanter Informationen genauer betrachtet werden, soll zunächst die Entscheidungssituation skizziert werden, derer sich das Management vor einer Investitionsentscheidung gegenübergestellt sieht. Dem weiteren Vorgehen wird dabei ein zahlungsorientierter Investitionsbegriff zugrunde gelegt, der eine Investition als Kombination von Ein- und Auszahlungen betrachtet, wobei die Auszahlung den Beginn einer Inves-

---

zeuge, Geräte), Bauten (Wohnbauten und Nichtwohnbauten) und sonstige Anlagen (immaterielle Güter).
[37] Vgl. Bundesregierung (Hrsg., 2008), S. 50.
[38] Der Investitionsquotenvergleich bezieht sich auf die Daten des Jahres 2007. Dazu die Quoten einiger ausgewählter Volkswirtschaften: Spanien (31%), Frankreich (21,5%), Italien (21,2%), Großbritannien (17,8%) und USA (18,4%). Vgl. Institut der deutschen Wirtschaft Köln (Hrsg., 2009), S. 139.
[39] Vgl. Bundesregierung (Hrsg., 2008), S. 50.
[40] Vgl. Poggensee (2009), S. 5.

tition markiert.[41] Dabei sind folgende situative Elemente zu berücksichtigen:[42]

- *Zurechnungsproblem*: Die Investitionsrechnung postuliert ein vollständig isoliertes Investitionsobjekt, welchem eine Zahlungsreihe zugeordnet werden kann. Eine exakte monetäre Abbildung der Investition unter Berücksichtigung der Interdependenzen mit anderen Einflussfaktoren im Unternehmen ist sehr komplex und in der Praxis schwer zu realisieren. Letztlich muss jede von der Investition ausgehende Wirkung in Form einer Zahlung erfasst werden.

- *Offene Entscheidungsfelder / Flexibilitätsproblem*: Die klassischen Verfahren der Investitionsrechnung folgen einer starren Planung, welche bedingt, dass sämtliche Entscheidungen zum Anfangszeitpunkt getroffen werden müssen. Es wird unterstellt, dass im weiteren Zeitablauf keine oder nur bereits bekannte Eingriffe in das Investitionsprojekt erfolgen können. Diese Vorgehensweise unterstellt eine völlige Kenntnis sämtlicher Handlungsalternativen, die aufgrund der immanenten Unsicherheit zu kritisieren ist. In der Realität liegen vielmehr unvollständige Informationen über Handlungsalternativen und Wirkungszusammenhänge vor. Gerade die Möglichkeit, zukünftig auf das Investitionsprojekt einwirken zu können, bedingt durch das Vorhandensein eines Handlungsspielraums, besitzt einen spezifischen Wert, der integraler Bestandteil der noch zu erläuternden Realoptionstheorie ist.

- *Unsicherheit*: Die Auswirkungen der Investition sind aufgrund des teils sehr langfristigen Charakters nur schwer zu erfassen. Dies erfordert den Einsatz von Prognosen, welche mehrwertige Erwartungen (Verteilungsfunktionen) der zugrunde liegenden Daten berücksichtigen.

- *Irreversibilität*: Die Entwicklung prognostizierter Daten einer Investition, z. B. die Realisation geringerer Einzahlungsüberschüsse, ist eng mit der immanenten Unsicherheit verbunden. Die negative Abweichung der Einzahlungsüberschüsse vom Planwert ist allerdings erst dann als Risiko zu klassifizieren, wenn die Investition nicht rückgängig

---

[41] Vgl. Poggensee (2009), S. 10f. und Wöhe (2000), S. 619. Im Fokus der Betrachtung stehen hierbei Investitionen mit Entscheidungsfreiheit. Investitionen, die beispielsweise der Erfüllung gesetzlicher Auflagen (Umweltschutz, Arbeitssicherheit) dienen, sind nicht Gegenstand dieser Arbeit, da derartige Investitionen durchzuführen sind und kein Wahlrecht beinhalten. Hierzu vgl. Adam (1997), S. 3f.

[42] Für die Aufzählung wurden nachfolgende Quellen herangezogen: Götze (2008), S. 10-14; Kehrel und Schmitting (2008), S. 60-64; Adam (1997), S. 50, S. 65, S. 316-321; Perridon und Steiner (2004), S. 101.

gemacht werden kann oder dies mit unverhältnismäßig hohen Kosten verbunden ist. Eine reversible Investitionsausgabe stellt kein Risiko dar, da diese stets revidiert werden kann.[43]

Es ist an dieser Stelle zu betonen, dass nicht jede Investition die oben angeführten Merkmale in gleicher Intensität aufweist. Vielmehr bietet sich hierbei ein Denken in Bandbreiten an. Beispielsweise kann eine hohe Unsicherheit einer Investition mit einer stark eingeschränkten Handlungsflexibilität einhergehen. Die Auswahl eines Bewertungsverfahrens muss sich demnach daran messen lassen, ob es die ausgewiesenen Problemfelder adäquat mathematisch erfasst und somit eine vorteilhafte Auswahl von Investitionsprojekten gewährleistet. Die mit einer Investition einhergehende Unsicherheit nimmt dabei eine hervorgehobene Stellung ein, die im nächsten definitorischen Abschnitt weiter zu differenzieren ist. Die Verbindung zum Flexibilitätsbegriff wird ebenfalls hergestellt.

2.2.2 Flexibilität als Reaktion auf Unsicherheit

Die Auswahl eines Bewertungsverfahrens zur Bestimmung der Vorteilhaftigkeit einer Investition muss das Problemfeld der Unsicherheit berücksichtigen, wenn mehrere Ausprägungen der Ergebnisgröße einer Investition möglich sind. Andernfalls kann auf deterministische Entscheidungsmodelle zurückgegriffen werden, die aufgrund der sicheren Datenlage nur eine Ergebnisgröße generieren. Eine Ergebnisgröße basiert auf der Verdichtung mehrerer Inputgrößen zu einem Wert. Die noch anzuführende Kapitalwertmethode weist als Inputgrößen beispielsweise Ein- und Auszahlungen, die Nutzungsdauer und den Kalkulationszinssatz auf. Als Ergebnisgröße und somit als Entscheidungskriterium wird der sog. Kapitalwert zur Beurteilung der Vorteilhaftigkeit einer Investition herangezogen.[44]

In der Realität können die zukünftigen Werte der Inputgrößen zumeist nicht mit absoluter Sicherheit prognostiziert werden. Vielmehr unterliegen sie

---

[43] Die Irreversibilität eines Prozesses kann an die Spezifität der Investition gebunden sein. Vgl. Freihube (2001), S. 18f. Investitionen eines Zulieferers in hochgradig spezialisierte Maschinen, für deren Endprodukte nur ein Kunde zur Verfügung steht, können bei Ausfall des Abnehmers nicht weiter veräußert werden, da die Maschinen für andere Unternehmen keinen Wert/Nutzen besitzen. Beispiel entnommen aus Picot u. a. (2008), S. 59.

[44] Vgl. Wöhe (2000), S. 659 sowie Perridon und Steiner (2004), S. 98. Als weiteres Beispiel einer deterministischen Bewertung sei auf das dynamische Verfahren der Internen-Zinsfuß-Methode verwiesen. Das Entscheidungsproblem liegt in der Auswahl derjenigen Investitionsalternative begründet, welche den höchsten Zinssatz erbringt und zugleich eine vorgegebene Mindestverzinsung erreicht. Vertiefend bei Zantow (2007), S. 434-439.

zahlreichen Einflussgrößen, so dass die Ergebnisgröße ebenfalls eine mehrwertige Ausprägung annimmt.[45] Je nach Informationsstand des Investors werden unterschiedliche Begriffe mit der Ausgangssituation assoziiert. Die nachfolgende Abbildung bietet hierzu einen Überblick.

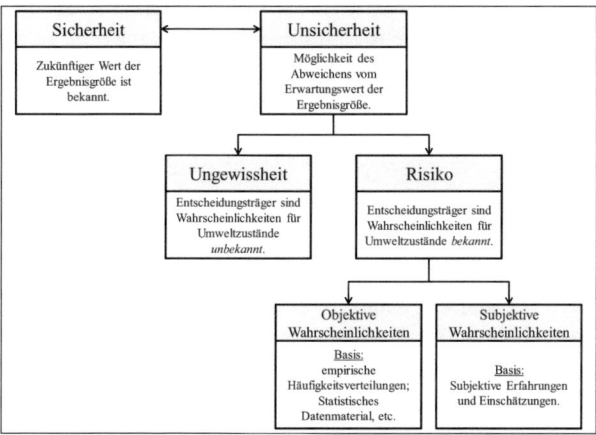

Abbildung 2.4: Informationsstand des Entscheiders[46]

Den weiteren Ausführungen liegt ein Unsicherheitsbegriff zugrunde, der auf obiger Abbildung aufbaut und somit dem Aspekt einer mehrwertigen Ergebnisgröße Rechnung trägt. Dabei werden negative Abweichungen vom Erwartungswert als Gefahr und positive Abweichungen als Chance berücksichtigt. Eine negative Ergebnisrealisation ist erst dann als Nachteil zu betrachten, wenn die getroffene Investitionsentscheidung irreversibel ist.

Die Ausgangssituation des Entscheiders kann auch mit dem Begriff des Dilemmas umschrieben werden. Auf der einen Seite sind *heute* Entscheidungen zu treffen, die weit in die *Zukunft* reichen. Auf der anderen Seite können die zukünftigen Daten, die für den Erfolg einer Entscheidung relevant sind, nicht oder nur mit großer Unsicherheit prognostiziert werden.[47]

Eine mögliche Form im Umgang mit Unsicherheit besteht im Aufbau von Handlungsspielräumen, die eine flexible Anpassung des Investitionsprojekts gewährleisten.[48] PEEMÖLLER und BECKMANN verstehen darunter die Mög-

---

[45] Vgl. Wöhe (2000), S. 659.
[46] Quelle: Eigene Darstellung in Anlehnung an Perridon und Steiner (2004), S. 98-101.
[47] Vgl. Hopfenbeck (2002), S. 555.
[48] Vgl. Adam (1997), S. 319f. Weitere Reaktionsformen bei Unsicherheit seien vollständigkeitshalber angeführt: (1) Ignoranz der Unsicherheit (bewusst/unbewusst); (2) Reduktion von Unsicherheit in der Form der Erweiterung der Wissensbasis. Dabei ist das

lichkeit des Managements in der Zukunft „...*auf neue Informationen wertorientiert reagieren zu können.*"[49] Dahinter steckt die Grundidee, dass sich Unsicherheiten im Zeitablauf reduzieren und daraus eine Verbesserung der Entscheidungsgrundlage hervorgeht. Ein einfacher Handlungsspielraum existiert bereits, wenn beispielsweise die Möglichkeit besteht, eine irreversible Investition zeitlich aufschieben zu können.[50] Am Beispiel des geplanten Eintritts westlicher Finanzinstitute in den polnischen Retail-Banking Markt im Jahr 1997 zeigt MÜLLER, J. auf, dass der Handlungsspielraum eines verzögerten Markteintritts einen quantifizierbaren Wert aufweist. Für die Profitabilität entscheidend ist die Entwicklung der Kundeneinlagen und –kredite, wobei diese Werte mit einer großen Unsicherheit behaftet sind. Ein Aufschieben der Investition, um die Entwicklung der Kundeneinlagen und – kredite beobachten zu können, führt zu der oben erwähnten Verringerung der Unsicherheit und hat ex ante einen spezifischen Wert.[51]

ADAM fordert deshalb ein Umdenken in der Entscheidungsfindung, indem die Auswahl und Bewertung einer Investitionsalternative nicht nur auf die jeweilige Erfolgsgröße reduziert werden darf. Vielmehr sind jene Alternativen zu favorisieren, die eine hohe Anpassungsfähigkeit aufweisen.[52]

Flexibilität, in Form von Anpassungsfähigkeit durch die mögliche Nutzung von Handlungsspielräumen, ist ein ökonomisches Gut, welches Kosten verursacht. Somit kommt es zu einem natürlichen Trade-off zwischen der Erfolgsgröße einer Investition und der Flexibilität, mit der Konsequenz, dass mögliche Gewinne und Verluste begrenzt werden. Das Vorhalten von Flexibilität muss allerdings aus ökonomischer Sicht verneint werden, wenn die positiven Effekte der Schaffung von Handlungsspielräumen durch deren Erschließungskosten kompensiert werden.[53]

Kosten-Nutzenkalkül zu berücksichtigen, welches wiederum die Informationsbeschaffungskosten mit der erwarteten Erfolgsverbesserung der Planung in Beziehung zueinander setzt. Hierzu vgl. Adam (1997), S. 318 und vertiefend Müller (2004), S. 24-28.

[49] Peemöller und Beckmann (2002), S. 735.
[50] Vgl. Peemöller und Beckmann (2002), S. 736.
[51] Das skizzierte Beispiel erweist sich als wesentlich umfangreicher, soll aber an dieser Stelle nur verdeutlichen, dass selbst die Möglichkeit der Verzögerung einer Investition bereits einen Handlungsspielraum markiert. In dem ausgewiesenen Beispiel verfügen die Finanzinstitute ebenso über die Möglichkeit der Erweiterung als auch des Abbruchs der Investition. Bei der geschilderten Warteoption müssen zudem Wettbewerbseffekte berücksichtigt werden, die zu spieltheoretischen Überlegungen überleiten. Das ausführliche Beispiel findet sich bei Müller, J. (2001), S. 303-324.
[52] Vgl. Adam (1997), S. 322f.
[53] Vgl. Müller (2004), S. 35 und Adam (1997), S. 323.

2.3 Bewertungsverfahren

2.3.1 Systematisierung der Bewertungsverfahren

In den vorangegangenen Ausführungen wurden bereits zahlreiche Forderungen formuliert, denen ein Investitionsbewertungsverfahren genügen muss, um eine Auswahl wertmaximaler Investitionsprojekte zu gewährleisten. In Abhängigkeit der spezifischen Entscheidungssituation lassen sich insgesamt fünf Kriterien aufstellen, die bei der Auswahl eines Bewertungsverfahrens zu berücksichtigen sind. Ein leistungsfähiges Verfahren orientiert sich demnach an (1) *Cash Flows* und nicht an buchhalterischen Größen. Dadurch wird u. a. die zeitliche Dimension der Zahlungsströme berücksichtigt. Der Maßstab einer wertorientierten Unternehmenspolitik findet seine Begründung in der Maximierung der Cash Flows, die mit den gewichteten, durchschnittlichen Kapitalkosten (WACC) zu diskontieren sind und somit auf dem Opportunitätskostenprinzip aufbauen.[54] Damit wird eine weitere Forderung der Verwendung von (2) *Marktwerten* erfüllt. Hinzu kommen die bereits angeführten Faktoren der (3) *Unsicherheit* (mehrwertige Ergebnisgrößen), (4) *Flexibilität* (Handlungsspielräume) und (5) *Irreversibilität*.[55] Eine Systematisierung möglicher Bewertungsverfahren, die den angeführten Kriterien entsprechen, kann anhand der spezifischen Entscheidungssituation abgeleitet werden. Die Realisation zukünftig erwarteter Cash Flows ist in der Aus-

---

[54] Vgl. Copeland u. a. (2008), S. 53-59 sowie S. 70-77. Opportunitätskosten sind in diesem Zusammenhang mit Eigenkapitalkosten gleichzusetzen, da ein Investor seine finanziellen Mittel einer alternativen Verwendung, bei vergleichbarem Risiko, zukommen lassen kann. Wert wird genau dann geschaffen, wenn das Unternehmen eine höhere Rendite als die vergleichbare Alternative erwirtschaftet. Dabei ergeben sich für das Unternehmen zwei Stellgrößen, die den Wertbeitrag einer Investition beeinflussen. Auf der einen Seite können Maßnahmen initiiert werden, die zu einer Erhöhung der Cash Flows führen. Eine weitere Möglichkeit besteht in der Reduktion des Kalkulationszinssatzes, der sich aus den aufzubringenden Eigen- und Fremdkapitalzinssätzen zusammensetzt. Vgl. Hofmann u. a. (2007), S. 153. Vertiefend zum Wertbegriff bei Ruhsert u. a. (2008), S. 86-88. Eine weiterführende Darstellung der skizzierten Thematik erfolgt im Abschnitt 2.3.3, welcher die Defizite der bisherigen Bewertungsverfahren aufgreift.

[55] Die fünf Faktoren finden sich originär bei Hommel und Pritsch (1999), S. 128, zitiert nach Baecker u. a. (2003), S. 22. Als weiteren Faktor schlägt HILPISCH die Berücksichtigung von Interaktionseffekten vor, die zu spieltheoretischen Überlegungen überleiten. Dieser Aspekt wurde im Rahmen dieser Arbeit bereits unter dem Begriff des Zurechnungsproblems erfasst, mit dem die monetäre Erfassung sämtlicher Wirkungen einer Investition einhergeht. Vgl. Hilpisch (2006), S. 29. Um das Verhalten der Akteure bei Unsicherheit beschreiben zu können, führen COPELAND u. a. zunächst fünf Axiome ein, die rationales Handeln kennzeichnen. Hierzu vgl. Copeland u. a. (2008), S. 83-85.

gangssituation entweder mit einer niedrigen oder hohen Unsicherheit verbunden. Hinzu kommen die Möglichkeiten des Managements, die Investition durch Nutzung von Handlungsspielräumen aktiv beeinflussen zu können. Hierunter kann beispielsweise zu Beginn ein Aufschieben, im weiteren Verlauf die Möglichkeit der Erweiterung oder des Abbruchs des Investitionsprojekts verstanden werden. Die nachfolgende Abbildung ordnet den vier entstehenden Ausgangssituationen jeweils gängige Bewertungsverfahren zu.

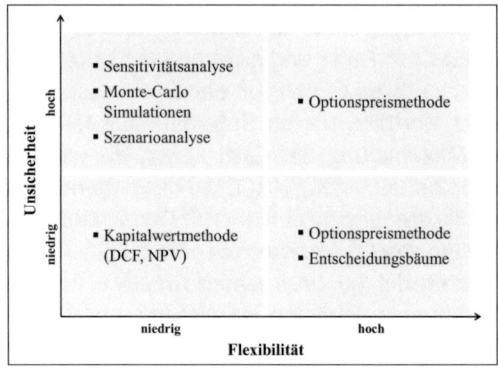

Abbildung 2.5: Systematik der Bewertungsverfahren[56]

Die Begründung für die Zuordnung der einzelnen Bewertungsverfahren innerhalb des Portfolios wird in den weiteren Ausführungen erarbeitet und sei an dieser Stelle bereits vorweggenommen. Ferner ist zu überprüfen, ob die Verfahren tatsächlich eine Auswahl unter mehreren Alternativen ermöglichen oder lediglich zusätzliche Transparenz im Entscheidungsprozess schaffen. Zunächst wird aber ein kurzer Überblick zur Entscheidungspraxis in Unternehmen gegeben, um aufzeigen zu können, welche Verfahren eine besonders dominierende Stellung einnehmen.

---

[56] Quelle: Eigene Darstellung in Anlehnung an Baecker u. a. (2003), S. 24. Eine weit verbreitete Methode der Systematisierung stellt die Unterscheidung in statische und dynamische Verfahren dar. Die statischen Investitionsrechenverfahren bleiben aufgrund ihrer stark vereinfachenden Annahmen in dieser Arbeit unberücksichtigt. Die Kapitalwertmethode, insbesondere in der Variante der DCF-Verfahren, wird als einziges Verfahren der dynamischen Berechnungsmethoden einer genaueren Betrachtung unterzogen, da die übrigen Verfahren den zuvor formulierten Kriterien nicht gerecht werden. PERRIDON u. a. führen an, dass insbesondere das Kriterium der Unsicherheit nur unzureichend durch die statischen und dynamischen Verfahren berücksichtigt wird. Deshalb wird ihr Anwendungsschwerpunkt für Entscheidungsprozesse unter Sicherheit gesehen, da in dieser Situation nur ein Ergebniswert für jede Alternative zu ermitteln ist. Hierzu vgl. Perridon u. a. (2009), S. 102.

2.3.2 Relevanz und Bedeutung der Bewertungsverfahren in der Praxis

Nachfolgend werden die Ergebnisse ausgewählter Studien zum Einsatz der verschiedenen Bewertungsverfahren präsentiert. Im Fokus der Betrachtung stehen hierbei die Verbreitung und Akzeptanz der Bewertungsverfahren, insbesondere werden die Ergebnisse zur Optionspreismethode hervorgehoben.

(1) Titel der Studie und (Erhebungsjahr) (2) Durchführung (3) Teilnehmer	ERGEBNISSE
(1) Empirische Untersuchung im steuerberatenden Berufsstand (2009)[57] (2) Prof. Dr. Fischer-Winkelmann und Dr. Busch (3) Steuerberatender Berufsstand (n = 80)	• Den Schwerpunkt der Untersuchung bildet die Erfassung des Kenntnisstandes über Unternehmensbewertungsverfahren. Dabei entfiel nicht eine einzige Antwort auf das Verfahren des Realoptionsansatzes. Die bekanntesten und häufig eingesetzten Verfahren sind das Ertragswertverfahren (94%), Stuttgarter Verfahren (59%) und die DCF-Verfahren (48%).
(1) Steigerung der Kapitaleffizienz (2006)[58] (2) Horváth & Partners Management Consultants (3) Unternehmen mit einem Jahresumsatz größer 30 Mio. EUR (n = 104)	• Mehr als die Hälfte der befragten Unternehmen berücksichtigen Konsequenzen von Investitionsentscheidungen auf die externen Rechenwerke. • Ranking der Investitionsrechenverfahren wird von den DCF-Verfahren angeführt. Weitere, häufig genutzte Verfahren sind auf Platz zwei die Amortisationsrechnung, gefolgt von der Methode des Internen-Zinsfußes. • Ein Viertel der Unternehmen verwendet kein einheitliches Rechenverfahren, so dass der Vergleich von Investitionsalternativen mit Problemen behaftet ist.
(1) Kein Titel, Erhebung erfolgte im Rahmen einer Masterarbeit (2006)[59] (2) Veröffentlicht von Prof. Dr. Gantenbein u. a. (3) Kotierte Kapitalgesellschaften an der Schweizer Börse, Finanzanalysten, Revisions- und Beratungsgesellschaften (n = 116)	• Das Ziel der Untersuchung bestand in der Erfassung des Status quo zu präferierten Unternehmensbewertungsmethoden. • Nützlichste und relevanteste Methode ist die DCF-Methode nach dem WACC-Ansatz. Die übrigen DCF-Ansätze weisen ein ähnliches Ergebnis auf. • Realoptionsmethoden werden im Vergleich zu anderen Verfahren als weniger relevant und nützlich eingeschätzt.

---

[57] Vgl. Fischer-Winkelmann und Busch (2009).
[58] Vgl. Hofmann u. a. (2007).
[59] Vgl. Gantenbein und Gehrig (2007).

(1) Titel der Studie und (Erhebungsjahr) (2) Durchführung (3) Teilnehmer	ERGEBNISSE
(1) Kein Titel, Umfrage zur Berücksichtigung von Handlungsflexibilität im Rahmen der Kapitalbudgetierung (2000)[60] (2) Vollrath, keine weiteren Informationen verfügbar (3) Unternehmen mit Sitz in Deutschland (n = 51)[61]	• Traditionelle Verfahren zur Investitionsbewertung werden wesentlich häufiger von Konzernseite aus vorgeschrieben als realoptionsnähere Verfahren, wie bspw. Entscheidungsbaumanalysen. • Flexibilität wird zwar intuitiv berücksichtigt, Optionsbewertungsmethoden kommen aufgrund ihrer Komplexität nicht zum Einsatz.

Tabelle 2.1: Verbreitung der Bewertungsverfahren

Die Studien zeichnen ein düsteres Bild zur Verbreitung und Akzeptanz der Optionstheorie. Eine generell fehlende Kenntnis der Funktionsweise der Methode sowie deren Komplexität erweisen sich als wesentliche Hemmnisse in der Praxis. VOLLRATH konnte aufzeigen, dass Handlungsflexibilität zwar intuitiv erfasst wird, indem Projekte realisiert werden, die gegen quantitative Vorgaben verstoßen und über ihre strategische Notwendigkeit begründet werden. Allerdings lassen diese Entscheidungen jegliche Transparenz vermissen.[62]

Werden jedoch wertbestimmende Parameter nicht korrekt bzw. nur intuitiv berücksichtigt, muss die Qualität des Entscheidungsprozesses hinterfragt werden. Es gilt nun aufzuzeigen, an welche Grenzen die bisherigen Bewertungsverfahren stoßen und welche Legitimation die Optionstheorie als möglicher Ausweg erhält. Aufgrund des Umfangs dieser Arbeit können nur ausgewählte Verfahren der Investitionsbewertung einer kurzen Betrachtung unterzogen werden, die eine besonders hohe Verbreitung in Theorie und Praxis erlangt haben. Insbesondere soll überprüft werden, inwiefern die Verfahren die zuvor formulierten „fünf Anforderungen"[63] an ein Bewertungsverfahren" konzeptionell berücksichtigen.

---

[60] Vgl. Vollrath (2003).
[61] Insgesamt wurden 300 Unternehmen selektiert. 200 Unternehmen wurden anhand ihrer Marktkapitalisierung ausgewählt, weitere 100 Unternehmen wurden durch eine Zufallsauswahl bestimmt. Das Auswahlkriterium bildete deren primäre Geschäftstätigkeit, welche in Bereichen liegt, die ein vermehrtes Auftreten von Handlungsflexibilität erwarten lassen. Die Rücklaufquote lag bei 17,2%.
[62] Vgl. Vollrath (2003), S. 355f.
[63] (1) Verwendung von Cash Flows und (2) Marktwerten sowie Berücksichtigung von (3) Unsicherheit, (4) Flexibilität und (5) Irreversibilität.

2.3.3 Defizite der bisherigen Bewertungsverfahren

2.3.3.1 DCF-Verfahren

Die in dem vorangegangenen Abschnitt aufgezeigten Ergebnisse belegen die dominierende Stellung der DCF-Verfahren in der Unternehmenspraxis, insbesondere in der Variante des WACC-Ansatzes, der nachfolgend einer genaueren Analyse unterzogen wird. COPELAND u. a. bezeichnen den Ansatz als „*ein täuschend einfaches Entscheidungsmodell.*"[64] Letztlich werden geschätzte/erwartete Zahlungsströme mit einem risikoadjustierten Zinssatz diskontiert. Davon wird die Anfangsauszahlung subtrahiert, um zum Kapitalwert des Projekts zu gelangen. Ist dieser Wert positiv, so lautet die Entscheidungsregel, das Projekt durchzuführen, da es zu einer Mehrung des Vermögens der Anteilseigner kommt.[65]

In diesem Abschnitt kann keine vollständige Erläuterung der Funktionsweise und der konzeptionellen Schwächen des WACC-Ansatzes erfolgen. Dazu wird auf die einschlägige Literatur verwiesen.[66] Vielmehr geht es darum, einige Schwachpunkte des Verfahrens zu thematisieren, die für die Bewertung von Investitionsprojekten von besonderer Relevanz sind.

Ein wesentlicher Kritikpunkt liegt in der mangelnden Abbildung unternehmerischer Flexibilität begründet, wie sie häufig in Projekten vorzufinden ist. Vielmehr wird eine starre und zugleich bekannte Cash Flow Struktur unterstellt, die mit einem konstanten Diskontierungsfaktor operiert. Die Annahme eines konstanten Diskontierungssatzes ist genau dann nicht zu halten, wenn dem Entscheider im Zeitverlauf neue Informationen zugehen, die eine Anpassung der Risikostruktur erfordern.[67] Ein periodenspezifischer WACC-Ansatz bietet hierbei einen Ausweg.[68] Dabei wird ein elementarer Zusammenhang offensichtlich. Das Risiko eines Projekts wird über den Diskontierungsfaktor in der Bewertung berücksichtigt. Erhöht sich das Risiko, so muss dies mit einem Risikozuschlag auf den Zinssatz einhergehen. Eine geschlossene Lösung zur Bestimmung eines risikoadjustierten Kalkulationszinssatzes, der zugleich auf Marktwerten basiert, bietet unter anderem das Capital Asset Pricing Model (CAPM).[69] Genau an dieser Stelle kommt das in den vorangegangenen Ausführungen erwähnte Opportunitätskostenprinzip zur

---

[64] Copeland u. a. (2008), S. 391.
[65] Vgl. Copeland u. a. (2008), S. 391 und Bonduelle u. a. (2003), S. 6.
[66] Zu den DCF-Verfahren vgl. Eayrs u. a. (2007), S. 331-396.
[67] Vgl. Schulmerich (2003), S. 68.
[68] Vgl. Eayrs u. a. (2007), S. 369f.
[69] Ein alternativer Ansatz stellt die Arbitrage Pricing Theory dar. Hierzu vgl. Perridon u. a. (2009), S. 274-279.

Anwendung. In dem Kalkulationszinssatz sind die Renditeforderungen der Eigenkapitalgeber integriert, deren Forderungen aus Marktpreisen für gleichriskante Investitionen resultieren. Diese Renditeforderungen werden als Kapitalkosten bezeichnet.[70] Formal gilt:[71]

(2.1) $\quad r_{EK} = r_f + (E(r_m) - r_f) \cdot \beta$

(2.2) $\quad WACC = r_{EK} \cdot \dfrac{EK}{GK} + r_{FK} \cdot (1-t) \cdot \dfrac{FK}{GK}$

Das theoretische Fundament zur Bestimmung der Renditeforderungen bildet zum einen die *Portfolio Selection Theory*. Durch Variation der Anteile mehrerer Wertpapiere an einem Gesamtportfolio können risikoeffiziente Portfolios durch Diversifikationseffekte geschaffen werden. Besteht ferner die Möglichkeit einer risikolosen Kapitalanlage r_f (*Separationstheorem* nach Tobin), wird die Anzahl der effizienten Portfolios auf das Marktportfolio M reduziert. Sämtlich verbleibende Portfolios (vgl. Punkt A in Abb. 2.6) erzielen bei gleichem Risiko eine niedrigere Rendite als Kombinationen bestehend aus dem Marktportfolio M und der risikolosen Anlage r_f.[72] Diese Kombinationen bilden wiederum die Kapitalmarktlinie.[73] Die Steigung der Kapitalmarktlinie stellt dabei den Marktpreis für die Risikoänderung um eine Risikoeinheit dar, die im Marktgleichgewicht der Grenzrate der Risiko-Rendite-Substitution für alle Wertpapiere entspricht. Dieser Sachverhalt führt, nach einigen mathematischen Umformungen, zu Gleichung 2.1, die nunmehr als Wertpapierlinie bezeichnet wird.[74]

---

[70] Vgl. Perridon u. a. (2009), S. 199f.
[71] Vgl. Eayrs u. a. (2007), S. 337 und S. 343.
$\quad$ r_{EK} $\quad$ = Renditeforderung der Eigenkapitalgeber
$\quad$ r_f $\quad$ = risikofreie Rendite
$\quad$ $E(r_m)$ = Erwartungswert der Rendite des Marktportfolios
$\quad$ β $\quad$ = unternehmensspezifischer Beta-Faktor
$\quad$ r_{FK} $\quad$ = Renditeforderung der Fremdkapitalgeber
$\quad$ EK $\quad$ = Marktwert des Eigenkapitals
$\quad$ FK $\quad$ = Marktwert des verzinslichen Fremdkapitals
$\quad$ GK $\quad$ = Marktwert des Gesamtkapitals
$\quad$ t $\quad$ = Unternehmenssteuersatz
[72] Der Punkt A markiert das varianzminimale Portfolio und stellt die linksseitige Begrenzung der effizienten Portfolios dar.
[73] Die Risikobereitschaft der Investoren spiegelt sich dabei in der Aufteilungsquote des Kapitals zwischen beiden Anlageformen wider.
[74] Vgl. Perridon u. a. (2009), S. 252-274 und Varian (2001), S. 227-235.

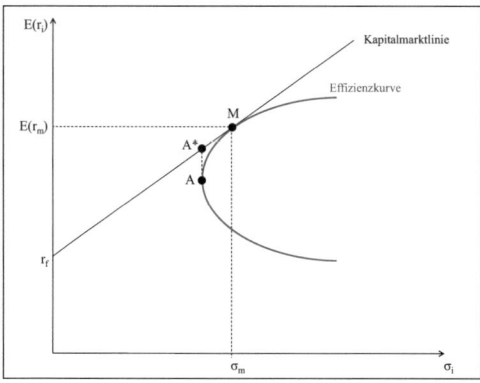

Abbildung 2.6: Kapitalmarktlinie[75]

Zusammengefasst kann resümiert werden, dass die Renditeforderung eines risikobehafteten Investitionsprojekts eine lineare Funktion der risikolosen Anlagemöglichkeit zuzüglich einer Risikoprämie darstellt, die wiederum aus dem Marktpreis des Risikos und der relativierten Risikohöhe des Investments hervorgeht. Die individuelle Risikohöhe wird über den Beta-Faktor abgebildet.

So elegant die Ableitung eines individuellen Risikozuschlags zunächst scheint, desto problematischer gestaltet sich letztendlich seine praktische Ermittlung. Der Beta-Faktor beschreibt das Risiko einer Investition relativ zum Risiko des Markts. Ein Beta-Faktor von 1,0 schreibt dem geplanten Investment dieselbe Risikohöhe wie dem Marktportfolio zu. Steigt das Marktportfolio beispielsweise um 10 Prozent, so steigt das Investment ebenfalls im Durchschnitt um 10 Prozent.[76] Empirisch wird der Beta-Faktor über eine lineare Regressionsanalyse ermittelt. Sein Wert steht für den Steigungsfaktor der Regressionsgeraden, die durch die „Punktwolke" der Marktrenditen und der Renditen des Investments verläuft. Genau an dieser Stelle ist die Hauptkritik am CAPM, respektive am Beta-Faktor, zu platzieren.[77]

1. Der Beta-Faktor ist eine vergangenheitsorientierte Größe. Der Diskontierungssatz weist zwar eine Marktwertorientierung auf, verstößt aber gegen das Zukunftsbezogenheitsprinzip der Bewertung. Eine Ver-

---

[75] Quelle: Eigene Darstellung in Anlehnung an Perridon u. a. (2009), S. 263.
[76] Vgl. Varian (2001), S. 228f.
[77] Die nachfolgende Kritik ist einer umfassenden Dissertation zum Thema marktorientierte Unternehmensbewertung entnommen. Die einzelnen Kritikpunkte sind dort ausführlich beschrieben und teilweise mit Beispielen unterlegt. Hierzu vgl. Nowak (2003), S. 63-72 und S. 88-117. Ferner vgl. Berner u. a. (2005) und Freihube (2001), S. 58-64.

wendung vergangenheitsorientierter Betas ist nur möglich, wenn diese in der Vergangenheit stabil waren.

2. Der im Rahmen der Regressionsanalyse verwendete Marktindex stellt lediglich eine Approximation an die Handlungsalternativen des Investors dar. Eine immanente Unvollständigkeit muss daher akzeptiert werden. Die Auswahl eines Marktindex (z. B. DAX, EuroStoxx 50) führt ebenfalls zu differierenden Werten.

3. Der Beta-Wert wird von der gewählten Skalierung u.U. stark beeinflusst. Es ergeben sich unterschiedliche Werte bei der Verwendung von Tages-, Wochen- oder Monatsrenditen. Größeren Einfluss hat der Berechnungszeitraum. So weist die SAP-Aktie zum Vergleichsindex aktuell ein Monats-Beta von 0,52, ein Jahres-Beta von 0,57 und ein Drei-Jahres-Beta von 0,67 auf.[78]

4. Die Forderung nach segmentspezifischen Kapitalkosten vermeidet eine ineffiziente Kapitalallokation. Am Kapitalmarkt kann lediglich der Beta-Faktor für das gesamte Unternehmen beobachtet werden. Seine Verwendung ist nur dann gestattet, wenn das Unternehmen in allen Segmenten identische Risikoklassen aufweist. Das Risiko eines Projekts wird sich in aller Regel von dem des Unternehmens unterscheiden und erfordert somit spezifische Kapitalkosten.

5. Die Bestimmung des Beta-Faktors für Projekte oder nicht börsennotierte Unternehmen kann nur näherungsweise über einen Analogie-[79] oder Analyseansatz erfolgen.

Das CAPM bildet ein geschlossenes Verfahren zur Bestimmung der Eigenkapitalkosten, wird allerdings durch die angeführte Kritik in seiner Aussagegüte zum Teil stark eingeschränkt. Daneben bildet die Schätzung der zukünftigen Cash Flows einen weiteren Problembereich, der nicht frei von subjektiven Bewertungen ist. Inwiefern die konzeptionelle Lücke der nicht vollständigen Erfassung von Flexibilität und Unsicherheit dennoch ansatzweise geschlossen werden kann, soll mit den folgenden Methoden aufgezeigt werden.

---

[78] Daten mit Stand vom 30.06.2010, verfügbar auf den Internetseiten der comdirect bank AG.
[79] Hierzu zählt die Verwendung von Branchen-, Peer-group- und Pure-play-Betas.

2.3.3.2 Entscheidungsbaumverfahren

Ein Entscheidungsbaum ist ein Graph, der sich aus Entscheidungs- und Zufallsknoten zusammensetzt. Damit wird dem Umstand Rechnung getragen, dass Entscheidungen häufig in mehreren Stufen getroffen werden können. Die angeführten Entscheidungsknoten bilden dabei die unternehmerische Handlungsflexibilität ab, in Abhängigkeit der Umweltentwicklungen, repräsentiert durch die Zufallsknoten, entscheiden zu können.[80]

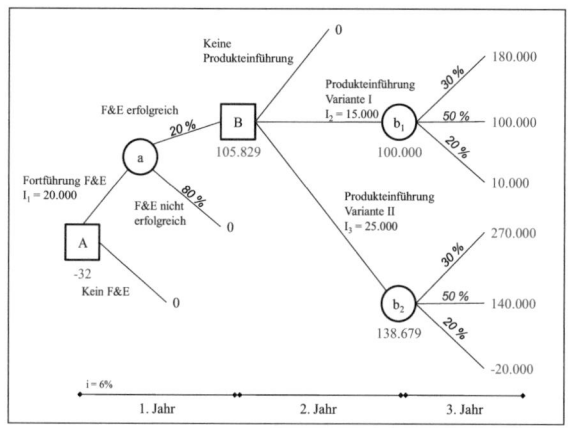

Abbildung 2.7: Entscheidungsbaum[81]

In Anlehnung an obige Abbildung, beginnt ein einfacher Entscheidungsbaum mit einem Entscheidungsknoten, der eine Entscheidung über die Fortführung der F&E Aktivitäten erfordert. Der darauf folgende Zufallsknoten steht wiederum für einen Umweltzustand, der mit einer diskreten und zugleich dichotomen Wahrscheinlichkeit versehen ist. Mit einer Wahrscheinlichkeit von 20 Prozent können die F&E Aktivitäten erfolgreich abgeschlossen werden, so dass über eine Produkteinführung entschieden werden kann. Wird die Produkteinführung der Variante I gewählt, so sind zusätzlich 15.000 € zu investieren. Variante II verursacht zwar Kosten von insgesamt 25.000 €, demgegenüber steht allerdings ein höherer Erwartungswert der möglichen Cash Flows. Die Nichteinführung des Produkts verursacht keine weiteren Kosten.

---

[80] Hierzu vgl. Perridon u. a. (2009), S. 130; Gabler Wirtschaftslexikon (2000), S. 919 [Stichwort: Entscheidungsbaum] sowie Freihube (2001), S. 76.
[81] Quelle: Eigene Darstellung in Anlehnung an Schulmerich (2003), S. 70.

In Abhängigkeit der Nachfrageentwicklung[82] können die an den Endpunkten des Entscheidungsbaums ausgewiesenen Cash Flows realisiert werden. Die optimale Entscheidung, gekennzeichnet durch den Maximalwert der Zielgröße (hier: Kapitalwert), ist letztlich über ein Roll-Back-Verfahren zu ermitteln. In dem Beispiel wird ein negativer Kapitalwert (Punkt A: $-32 = (0{,}2 \cdot 105.829 + 0{,}8 \cdot 0)/1{,}06 - 20.000$) erreicht, so dass die Empfehlung lautet: Einstellung der F&E Aktivitäten im Entscheidungsknoten A.[83]

Das Entscheidungsbaumverfahren verdeutlicht, dass die Vorteilhaftigkeit einer Investition aus einer Kombination von Entscheidungen und nicht beeinflussbaren Umweltentwicklungen resultiert. Trotz der prinzipiellen Eignung des Verfahrens zur Bewertung von Handlungsspielräumen, führen die restriktiven Prämissen das Verfahren allerdings schnell an seine modelltheoretischen Grenzen. Zum einen handelt es sich um ein deterministisches Modell, so dass keine weiteren Umweltzustände erfasst werden, die nicht zu Beginn der Analyse für möglich gehalten werden.[84] Diese müssen zudem mit diskreten und zumeist subjektiv geprägten Wahrscheinlichkeiten versehen werden. Desweiteren treten die Handlungsspielräume nur an diskreten Zeitpunkten auf, die Möglichkeit einer kontinuierlichen Entscheidungsfreiheit wird somit ignoriert.[85] Ferner kann eine übersichtliche Planung nur bei einem geringen Grad an Unsicherheit realisiert werden. Die Erstellung eines Entscheidungsbaums bei komplexen Entscheidungssituationen führt schnell an die Grenzen des Abbildbaren, da die Anzahl der Pfade exponentiell mit der Anzahl der Entscheidungs- und Zufallsknoten wächst.[86]

Als gewichtigster und zugleich am häufigsten vorgebrachter Kritikpunkt, ist die Verwendung eines konstanten Diskontierungsfaktors (vgl. Kritik zum WACC-Ansatz) anzuführen. Dadurch werden Veränderungen in der Risikostruktur des Investitionsprojekts außer Acht gelassen, obwohl sich die Unsicherheit im Zeitverlauf verändert.[87] Das Postulat der Marktwertorientierung eines Bewertungsverfahrens wird somit verletzt.[88] Die vorgebrachte Kritik ist allerdings bei Existenz *vollständiger* und *vollkommener* Märkte zu relativie-

---

[82] Die Wahrscheinlichkeit für eine hohe Nachfrage beträgt 30 Prozent, eine moderate Nachfrage wird mit einer Wahrscheinlichkeit von 50 Prozent und ein nur geringes Nachfragepotenzial mit einer Wahrscheinlichkeit von 20 Prozent erwartet.
[83] Das skizzierte Beispiel ist an Schulmerich (2003) angelehnt.
[84] Vgl. Laux (2005), S. 308.
[85] Vgl. Freihube (2001), S. 81.
[86] Vgl. Müller (2004), S. 92 und Schulmerich (2003), S. 73.
[87] Zur Kritik des konstanten Diskontierungsfaktors vertiefend bei Hommel und Pritsch (1999), S. 8; Müller (2004), S. 92; Freihube (2001), S. 81f. sowie Meyer (2006), S. 60f.
[88] Vgl. Hommel und Lehmann (2001), S. 119.

ren. Welche Implikationen sich für die traditionellen Bewertungsverfahren und den Realoptionsansatz dadurch ergeben, wird in Kapitel 3 thematisiert.

2.3.3.3 Monte-Carlo-Simulation

Als eine Methode der Investitionsrechnung unter Unsicherheit, ist dieses Verfahren besonders gut geeignet, um die Veränderung einer *ausgewählten* Ergebnisgröße durch verschiedene Eingangswerte der Inputparameter zu simulieren. Vorrangig wird das Simulationsverfahren zur Risikoaggregation herangezogen, um aus verschiedenen Einzelrisiken, ein Risikoprofil erstellen zu können. Mittels dieses Risikoprofils können dann beispielsweise Aussagen zur Erfolgswahrscheinlichkeit einer Investition getroffen werden.[89] Die Funktionsweise dieses Verfahrens soll anhand eines einfachen Beispiels erläutert werden.[90]

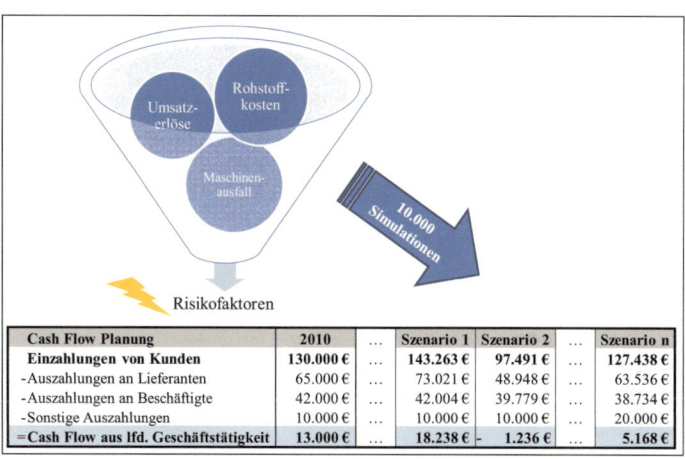

Abbildung 2.8: Beispiel zur Monte-Carlo-Simulation[91]

---

[89] Vgl. Adam (1997), S. 346. Die mathematische Abbildung der Risikoaggregation ist aufgrund der hohen Komplexität, bedingt durch stochastische Abhängigkeiten und unterschiedlichen Wahrscheinlichkeitsverteilungen, nicht oder nur sehr schwer zu lösen. Vgl. Gleißner und Meier (2001), S. 222.

[90] Ein umfangreicheres Beispiel mit ausführlichen Erläuterungen findet sich bei Gleißner (2004).

[91] Quelle: Eigene Darstellung. Steuerzahlungen bleiben in dem Beispiel unberücksichtigt.

Die Cash Flows eines fiktiven Investitionsprojekts können isoliert erfasst werden. Der Unternehmensführung sind ferner vier Risikofaktoren bekannt, die einen maßgeblichen Einfluss auf die Höhe des Cash Flows ausüben.[92] Die Risiken sind nicht miteinander korreliert und können mit Wahrscheinlichkeitsverteilungen versehen werden.

Als wesentlicher Unsicherheitsfaktor wurde die Absatzmenge identifiziert. Basierend auf den bisherigen Erfahrungen der Unternehmensführung, wurden die Kundeneinzahlungen mit einer Normalverteilung (µ=130.000 €, σ=15.000 €) berücksichtigt. Die Materialkosten betragen 50 Prozent des Umsatzes, können aber durch Preisänderungen der Rohstoffe im lfd. Geschäftsjahr in einem Rahmen von +/- 5 Prozent schwanken. Die Lohnkosten wurden pauschal mit 42.000 € veranschlagt. Allerdings sind auch hier Schwankungen in einem Bereich von -10 bis +5 Prozent zu erwarten, die mittels einer Gleichverteilung in die Simulation eingehen. Die Möglichkeit eines Maschinenausfalls und daraus resultierend eines Produktionsstopps führt zu einer einmaligen Erhöhung des Postens „sonstige Auszahlungen" um 10.000 €. Abgebildet wurde dieser *ereignisorientierte* Sachverhalt über eine Bernoulli-Variable, die dieses Großschadensereignis mit einer Wahrscheinlichkeit von 8 Prozent erfasst. Werden nun für jeden Unsicherheitsfaktor 10.000 Zufallszahlen[93] gezogen, die den Wahrscheinlichkeitsverteilungen der Risiken entsprechen, kann nachfolgendes Risikoprofil in Form eines Histogramms erzeugt werden.

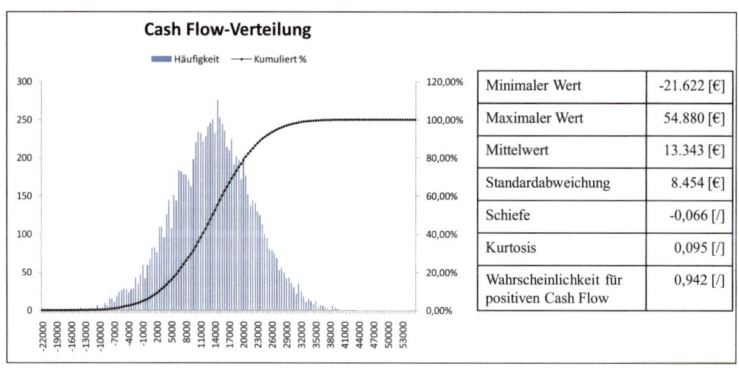

Abbildung 2.9: Risikoprofil und statistische Kenngrößen[94]

---

[92] Risiko bezeichnet hier die Möglichkeit eines negativen Abweichens vom Planwert.
[93] Es wurden direkt an die Wahrscheinlichkeitsverteilung angepasste Zufallszahlen mittels MS-Excel 2007 generiert (Menü Daten, Datenanalyse, Zufallszahlengenerierung).
[94] Quelle: Eigene Darstellung. Die Klassenbreite beträgt 500 €.

Basierend auf dem Risikoprofil könnte das Auswahlkriterium einer Investition lauten, jene Investition zu wählen, deren Wahrscheinlichkeit für einen positiven Cash Flow am höchsten ist. Ebenfalls können Entscheidungen nach klassischen Prinzipien wie μ oder μ-σ getroffen werden.[95] Gegebenenfalls existiert bei mehreren Investitionsprojekten eine Alternative, die eine Dominanz gegenüber den übrigen Alternativen aufweist. Dies ist genau dann der Fall, wenn die dominante Alternative in jeder möglichen Situation zu einem besseren, zumindest aber gleichem, Ergebnis führt.[96] Abstrahiert von dem hier sehr einfach gestalteten Fall, gelangt das Simulationsverfahren jedoch schnell an seine Grenzen, wenn zahlreiche Inputparameter mit den dazugehörigen Interdependenzen und Wahrscheinlichkeitsfunktionen zu ermitteln sind. PERRIDON u. a. betrachten die Methode daher nicht als Entscheidungsverfahren, da keine zwingende Aussage zur Vorteilhaftigkeit einer Investition gewonnen werden kann.[97] Eine Ausnahme bildet hierbei das Vorliegen stochastischer Dominanz.[98]

2.3.4 Ein Ausweg - Der Realoptionsansatz

Die Eignung der vorgestellten Verfahren zur Investitionsbewertung soll an dieser Stelle keinesfalls negiert werden. Vielmehr bietet der WACC-Ansatz in Situationen, die eine geringe Unsicherheit und Flexibilität aufweisen, eine geeignete Entscheidungsgrundlage. Erhöhen sich jedoch die beiden Parameter, so können die Defizite des Verfahrens nur teilweise durch die Entscheidungsbaumanalyse und MC-Simulation kompensiert werden. Inwiefern diese Einschätzung aufrecht zu erhalten ist, kann jedoch erst nach einer eingehenden Auseinandersetzung mit dem Realoptionsansatz erfolgen und sei an dieser Stelle unter Vorbehalt zu betrachten.[99] Der Realoptionsansatz verspricht neben einer simultanen Abbildung einer hohen Unsicherheit und Flexibilität zudem eine Bewertung, die frei von subjektiven Einschätzungen ist.[100] Die Überprüfung dieses „Versprechens" bildet den Themenkomplex des dritten Kapitels, welches eine Schwerpunktsetzung durch die Überprüfung der Möglichkeiten zur Quantifizierung der Unsicherheit erfährt.

---

[95] Vgl. Adam (1997), S. 346 und S. 350.
[96] Vgl. Gabler Wirtschaftslexikon (2000), S. 768 [Stichwort: Dominanzprinzip]. Ausführlicher zur Diskussion des Dominanzprinzips vgl. Götze (1998), S. 39f.
[97] Vgl. Perridon u. a. (2009), S. 124 und S. 129f.
[98] Vgl. Götze (1998), S. 40.
[99] Dazu ist es notwendig, insbesondere die Bewertungstheorie des Ansatzes zu untersuchen.
[100] Dabei ist der Handlungsspielraum umso wertvoller, je größer die Unsicherheit bezüglich der Entwicklung einer Investition ist. Vgl. Schärer und Botteron (2001), S. 1122.

3. Bewertung von Flexibilität und Unsicherheit

3.1 Finanzoptionen

3.1.1 Theoretische Fundierung

Die Möglichkeit eine *irreversible* Investition unter *Unsicherheit* und *Flexibilität* vornehmen zu können, stellt eine Analogie zu einer Kaufoption auf eine Aktie dar. Der Inhaber dieser Kaufoption hat das Recht, nicht aber die Verpflichtung (*Flexibilität*), die Aktie zu einem im Voraus festgelegten Preis vom Stillhalter erwerben zu können, wobei der weitere Kursverlauf der Aktie *unsicher* ist. Der Stillhalter erhält für die Einräumung dieses Rechts eine Optionsprämie. Der Käufer wiederum wird sein Recht zum Erwerb der Aktie, durch Zahlung des zuvor vereinbarten Preises (*irreversible Kosten*), genau dann ausüben, wenn die Aktie innerhalb einer Frist oder zu einem bestimmten Zeitpunkt oberhalb dieses Preises notiert.[101] Auf eine Unternehmenssituation übertragen, könnte ein Unternehmen, welches beispielsweise über eine Investitionsmöglichkeit für die Dauer von einem Jahr verfügt, durch Zahlung der Anfangsinvestition den Zugriff auf die unsicheren Cash Flows des Projekts erhalten.[102]

Die Übereinstimmung der Merkmale einer Finanz- mit einer Realoption führt zu der Erkenntnis, dass das Bewertungsinstrumentarium der Optionstheorie ebenfalls für die Bewertung realer Investitionsprojekte verwendet werden kann.[103] Inwiefern die Gültigkeit dieser Aussage ggf. zu revidieren ist, ist Bestandteil der im Titel der Arbeit genannten kritischen Betrachtung der Realoptionstheorie.

Bei einer Option handelt es sich um derivatives[104] Finanzinstrument, dessen Wert direkt von dem zugrunde liegenden Vermögensgegenstand (Aktie, Index, Währung, etc.) abhängt. Der Inhaber einer Option verfügt demnach über das Recht, einen Vermögensgegenstand (Underlying) innerhalb eines Zeitraums (amerikanische Option) oder nur am Ende der Laufzeit (europäische Option) zu einem festvereinbarten Preis (Basispreis) kaufen (Call) oder verkaufen (Put) zu können. Der Verkäufer der Option verfügt über keinerlei Wahlrechte. Ihm obliegt bei Optionsausübung die Pflicht, den Vermögensgegenstand zu liefern bzw. zu kaufen.[105]

---

[101] Vgl. Hommel und Pritsch (1999), S. 123; Meyer (2006), S. 163 sowie Perridon u. a. (2009), S. 326.
[102] Vgl. Meyer (2006), S. 163f.
[103] Vgl. Peemöller und Beckmann (2002), S. 737.
[104] Lat. von derivare = ableiten.
[105] Vgl. Peemöller und Beckmann (2002), S. 738 sowie Perridon u. a. (2009), S. 326.

Optionen weisen daher eine asymmetrische Risiko- und Auszahlungsstruktur auf. Dies kann anschaulich mittels der Gewinn-/Verlustdiagramme dargestellt werden.

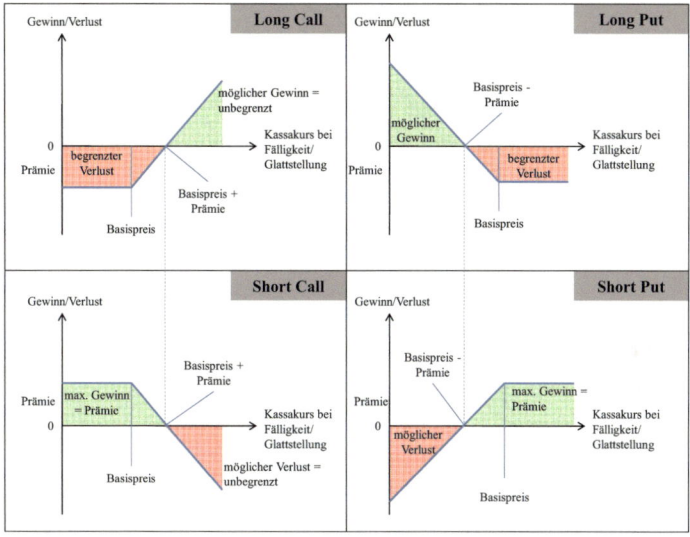

Abbildung 3.1: Grundgeschäftsarten[106]

Dabei ist zu beachten, dass die hier verwendeten Gewinn- und Verlustdiagramme sich auf das Auszahlungsprofil der Option am Verfallstag beziehen. Dargestellt ist somit nur der sog. innere Wert der Option, der sich aus der Differenz des Kassakurses des Basiswerts und des Basispreises ergibt. Während der Laufzeit der Option ist eine weitere wertbildende Komponente zu berücksichtigen, die als Zeitwert definiert wird. Hierbei handelt es sich um einen monetarisierten Wert für die Wahrscheinlichkeit, dass für den Optionsinhaber eine positive Entwicklung des Basiswerts eintritt (zusätzlicher innerer Wert). Nimmt die Restlaufzeit der Option ab, so sinkt der Zeitwert der Option, da die Wahrscheinlichkeit für vorteilhafte Entwicklungen immer geringer wird.[107]

---

[106] Quelle: Eigene Darstellung in Anlehnung an Perridon u. a. (2009), S. 327f. Zur Terminologie: Derjenige, der eine Option kauft, nimmt eine Long Position ein. Der Verkäufer der Option hat auf der Gegenseite eine Short Position. Anhand der Abbildung ist zu erkennen, dass es sich beim Optionshandel um ein Nullsummenspiel handelt, da das Auszahlungsprofil der Long Position immer das spiegelverkehrte Abbild der Short Position darstellt (vice versa). Vgl. Uszczapowski (2008), S. 48f. und S. 64.

[107] Vgl. Heidorn (2009), S. 161.

Es kann festgehalten werden, dass die Laufzeit der Option einen wertbestimmenden Einfluss auf den Optionspreis ausübt. Einhergehend existieren noch weitere Einflussgrößen, die nachfolgend in einer Tabelle zusammengefasst sind. Zugleich wird die für die Arbeit geltende Notation festgelegt und der Einfluss des jeweiligen Parameters c.p. auf den Optionswert, am Beispiel eines europäischen Calls auf eine Aktie, skizziert.[108]

Optionsparameter		Wirkungsrichtung
Aktienkurs	S_0	Die Call Option steigt (fällt) im Wert, wenn die zugrunde liegende Aktie steigt (fällt).
Basispreis	K	Der Basispreis ist eine fixe Größe. Je weiter der (diskontierte) Basispreis unterhalb (oberhalb) des aktuellen Kurses liegt, desto höher (niedriger) ist der Wert der Option.
Restlaufzeit	T	Tendenziell steigt der Wert in Verbindung mit einer längeren Laufzeit. Eine Ausnahme kann die Berücksichtigung von Dividenden bilden.[109]
Volatilität	σ	Hierbei handelt es sich um ein Maß für die Unsicherheit, die über die Standardabweichung der Aktienrendite bestimmt wird. Je größer die Volatilität einer Aktie ausgeprägt ist, desto wahrscheinlicher sind starke Kursschwankungen, so dass eine hohe (geringe) Volatilität zu einem hohen (niedrigen) Optionswert führt.
Risikoloser Zinssatz	r	Die Wirkung ist auf volkswirtschaftlicher Ebene nicht ganz eindeutig zu erfassen, soll aber an dieser Stelle auf eine ceteris-paribus Betrachtung reduziert werden.[110] Zur Erläuterung muss auf die noch anzuführende Optionspreisermittlung Bezug genommen werden. Der Verkäufer des Calls muss zur Sicherung seiner Position das Basiswert kaufen und teilweise über einen Kredit finanzieren, welcher bei steigenden Zinsen umso teurer wird und somit einen höheren Optionspreis erfordert.[111]
Erwartete Dividende	D	Dividenden reduzieren den Aktienkurs am Ausschüttungstag. Für den Optionsinhaber handelt es sich um entgangene Zahlungen, die zu einer Reduzierung des Optionswertes führen.

Tabelle 3.1: Optionsparameter und Wirkungsrichtung

Der Aktienkurs ist ein direkt zu bestimmender Optionsparameter, der eine quasi stetige Veränderung aufweist. Die Frage, welche an dieser Stelle aufgeworfen wird, ist jene, die nach den Charakteristika dieses Veränderungs-

---

[108] Im Rahmen der Arbeit wird die Notation von HULL übernommen. Die Ausführungen innerhalb der Tabelle beziehen sich auf Hull (2009), S. 256-260 und S. 353f.; Perridon u. a. (2009), S. 330-333 sowie Peemöller und Beckmann (2002), S. 739.
[109] HULL führt als Beispiel zwei europäische Calls mit ein- bzw. zweimonatiger Laufzeit an. Wird in sechs Wochen eine sehr hohe Dividendenausschüttung vorgenommen (→ Kursrückgang), so wird die Option mit einer Restlaufzeit von einem Monat aller Wahrscheinlichkeit nach einen höheren Wert als die Option mit der längeren Laufzeit aufweisen. Vgl. Hull (2009), S. 259.
[110] Ausführlicher bei Hull (2009), S. 259.
[111] Vgl. Büschgen (1998), S. 457.

prozesses fragt. Die Beantwortung dieser Frage ist Gegenstand des nächsten Abschnitts.

3.1.2 Stochastischer Prozess

Heutzutage ist es problemlos möglich, die Kursänderungen einer Aktie sekündlich via Internet zu verfolgen. Dabei können die einzelnen Kursrealisationen eines Zeitraums als eine geordnete Folge von Zufallszahlen verstanden werden. Diese Folge wird allgemein als stochastischer Prozess bezeichnet. Liegen endlich viele Zufallszahlen vor, so ist es möglich, den stochastischen Prozess über eine Verteilungsfunktion vollständig zu beschreiben.[112]

Als stochastischer Prozess wird für Aktienkurse eine geometrisch Brownsche Bewegung unterstellt.[113] Dieser Prozess ist zugleich ein Markov-Prozess, welcher die Unabhängigkeit aufeinanderfolgender Kurse postuliert. Für weiterführende Analysen ist daher nur der aktuelle Kurs zu berücksichtigen. Zusammenhänge zwischen historischen und zukünftigen Kursen existieren nicht.[114] Die Markov-Eigenschaft entspricht zudem der schwachen Form der Kapitalmarkteffizienz, die ein Erzielen von Überrenditen durch die Analyse historischer Kurs- bzw. Renditeinformationen verneint. Gerade der Nutzen der technischen Aktienanalyse scheint aus diesem Blickwinkel mehr als fragwürdig zu sein.[115] Das theoretische Fundament zur Bestimmung einer geometrisch Brownschen Bewegung bildet der sog. Wiener Prozess. Ein allgemeiner Wiener Prozess für eine Variable x kann beispielsweise durch zwei Komponenten definiert werden.

(3.1) $\quad dx = a\,dt + b\,dz \quad$ mit $\quad dz = \varepsilon\sqrt{dt}$

Der erste Term adt beschreibt dabei eine stetige Drift der Variablen x in einem Zeitraum der Länge T. Der Term bdz führt zu einer Streuung von x, wobei die Stärke des Streuverhaltens über den ebenfalls konstanten Faktor b skaliert wird. Erst durch die Berücksichtigung von ε, gelangt der stochasti-

---

[112] Vgl. Schira (2005), S. 567-572.
[113] Vgl. Hull (2009), S. 340.
[114] Vgl. Hull (2009), S. 326f.
[115] Die mittelstarke Form der Kapitalmarkteffizienz schließt das Erzielen einer Überrendite durch Nutzung sämtlich öffentlich verfügbarer Informationen aus. Eine Ausnahme bildet hierbei das Vorliegen von Insiderinformationen. Einen Schritt weiter geht die starke Form der Kapitalmarkteffizienz, welche ein Erzielen von Überrenditen mit jeglicher Form von Information negiert. Vgl. Copeland u. a. (2008), S. 443 und Freihube (2001), S. 36f.

sche Prozess zu seinem Namen. Hierbei handelt es sich um Realisationen einer Zufallsvariablen, die einer Standardnormalverteilung mit N(0,1) entstammen.[116] Mittels der stochastischen Differentialgleichung (3.1) können noch keine relevanten Aussagen zur Wahrscheinlichkeitsverteilung der Größe x getroffen werden. Dies gelingt erst mit der Bestimmung der Verteilungsfunktion, welche im vorliegenden Fall eine Normalverteilung mit x_0+aT als Erwartungswert und b^2T als Varianz darstellt.[117] Interpretiert man die Konstante a als erwartete Rendite μ und die Konstante b als Volatilität σ des Aktienkurses, so scheint die Verteilungsfunktion grundsätzlich zur Beschreibung von Aktienkursbewegungen geeignet zu sein. Dabei wird allerdings übersehen, dass die Renditeforderungen der Anleger vom Kurs der Aktie unabhängig sind. Zudem können, basierend auf der Verteilungsfunktion, negative Werte für x resultieren, was in der Realität negativen Aktienkursen entspräche. Gleichung 3.1 wird daher zur geometrisch Brownschen Bewegung weiterentwickelt, so dass die angeführten Schwächen ausgeschlossen werden können:[118]

$$(3.2) \quad dS = \mu\, S\, dt + \sigma\, S\, dz \Leftrightarrow \frac{dS}{S} = \mu\, dt + \sigma\, dz \quad \text{mit}\quad dz = \varepsilon\sqrt{dt}$$

Die Bestimmung der Verteilungsfunktion für Gleichung 3.2 gestaltet sich wesentlich schwieriger als für das vorangegangene Prozessmodell. Für den Fall, dass keine Volatilität berücksichtigt werden muss, kann die Differentialgleichung erster Ordnung analytisch mit der Lösung $S_T = S_0 e^{\mu T}$ bestimmt werden, was einem stetigen Zuwachs im Zeitraum T entspricht. Die vollständige Lösung der Gleichung 3.2 bedingt u. a. den Rückgriff auf Itôs Lemma, welches wiederum auf einer Taylorreihe basiert. Im Ergebnis resultiert:[119]

$$(3.3) \quad \ln S_T - \ln S_0 \sim \Phi\left[\left(\mu - \frac{\sigma^2}{2}\right)T, \sigma^2 T\right] \quad \text{bzw.}$$

$$(3.4) \quad \ln S_T \sim \Phi\left[\ln S_0 + \left(\mu - \frac{\sigma^2}{2}\right)T, \sigma^2 T\right]$$

---

[116] Vgl. Hull (2009), S. 328-332.
[117] Vgl. Pfeifer (2009), S. 412.
[118] Vgl. Hull (2009), S. 332f.
[119] Der interessierte Leser sei auf die Ausführungen zur Herleitung bei Hull (2009), S. 344f. verwiesen. Die Gleichungen veranschaulichen, dass die Renditen normalverteilt sind, der Aktienkurs folglich eine lognormalverteilte Größe ist.

Mittels der Gleichungen 3.3 und 3.4 können nun explizite Aussagen zur teilung eines Aktienkurses getroffen werden.[120] Die Anwendung des Modells beschreibt zusammengefasst eine kontinuierliche Änderung einer Aktie ne Kurssprünge. Die einzelnen Änderungen sind normalverteilt und weisen keine Korrelationen untereinander auf. Die Volatilität wird dabei als eine konstante Größe betrachtet. Inwiefern das durch das Prozessmodell skizzierte Bild mit der Realität übereinstimmt, wird im Folgenden überprüft.

3.1.3 Modellannahmen und Empirie

Die in Gleichung 3.4 vorgestellte geometrisch Brownsche Bewegung bildet das theoretische Grundgerüst zur Bewertung einer Aktienoption. Das wohl bekannteste Modell, welches auf diesen Überlegungen aufbaut, ist das Black-Scholes-Modell. Der Argumentation dieser Arbeit folgend, weisen Finanz- und Realoptionen dieselben konstituierenden Eigenschaften auf, so dass eine analoge Anwendung des Bewertungsinstrumentariums erfolgen kann. Deshalb ist an dieser Stelle zu prüfen, ob die statistischen Eigenschaften von Finanzmarktreihen adäquat durch das zugrunde liegende Modell abgebildet werden. Dadurch sollen Unzulänglichkeiten erfasst werden, da diese tendenziell für die Bewertung realer Optionen übernommen werden. In den letzten Jahren gab es zahlreiche Studien zu den Charakteristika von Finanzmarktdaten. Dabei konnten folgende Eigenschaften nachgewiesen werden, die zu einer eher kritisch geprägten Sichtweise des Beschreibungsmodells anregen sollten.

- **Normalverteilungshypothese**

Die empirische Verteilung der Aktienrenditen müsste jener der modelltheoretischen Verteilung entsprechen. Zur Veranschaulichung dieser Forderung, fasst Abbildung 3.2 die Tagesrenditen der Microsoft Aktie über einen Zeitraum von zehn Jahren in einem Histogramm zusammen. Es ist zu erkennen, dass die Normalverteilung die Tagesrenditen nicht exakt beschreibt. Vielmehr kommt es zu einer „Wölbung" der empirischen Daten im Zentrum der Verteilung und einem Auftreten extremer Renditen an den Randbereichen („fat tails").[121] Risikomodelle, die zur Quantifizierung des Risikos auf einer

---

[120] Typische Beispiele sind Aussagen jener Form, dass eine Aktie ein vorgegebenes Kursniveau im Betrachtungszeitraum mit einer Wahrscheinlichkeit von 75 Prozent erreichen wird oder die Aktie eine gewisse Bandbreite (z.B. 2σ) innerhalb des nächsten Monats mit einer Wahrscheinlichkeit von 95,45 Prozent nicht verlassen wird.

[121] Vgl. Goldman Sachs (2007), S. 8-10 und Rau-Bredow (2002), S. 605.

Normalverteilung aufbauen, unterschätzen somit systematisch das Risiko.[122] Auf die Optionstheorie übertragen, resultiert eine Fehlbewertung entsprechender Kontrakte.[123]

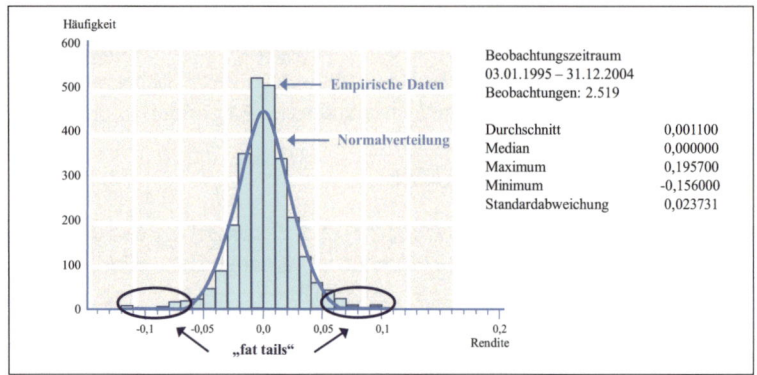

Abbildung 3.2: Empirische und theoretische Renditeverteilung[124]

Für eine formale Überprüfung der Normalverteilungshypothese sind statistische Testverfahren heranzuziehen, deren Ergebnisse die Nutzung einer alternativen Verteilungsfunktion begründen können.

- **Volatilitätscluster und Autokorrelationen**

Die Volatilität ist keine konstante Größe, sondern unterliegt Schwankungen, die sich in einer gewissen Bandbreite bewegen. Langfristig betrachtet neigt die Volatilität dazu, zu einem Mittelwert (Mean Reversion Eigenschaft) zurückzukehren.[125] Ein weiteres Phänomen, welches bei der Analyse von Finanzmarktdaten zu Tage tritt, sind sog. Volatilitätscluster. Hierunter ist eine Konzentration der Renditen hoher und niedriger Ausprägung zu verstehen.[126] Die Wahrscheinlichkeit, dass starke Kursbewegungen einander folgen, ist dabei signifikant größer als für eine anschließende Folge von nur ge-

---

[122] Hier sei insbesondere auf die „...at Risk" Kennzahlen verwiesen, die einen Wert definieren, welcher im Betrachtungszeitraum für ein vorgegebenes Konfidenzniveau (z. B. 99%) nicht über-/unterschritten wird. Beispiel: „Der *Cash Flow at Risk* einer Unternehmensplanung wird einen Wert von 990.000 € mit einer Wahrscheinlichkeit von 99 Prozent nicht unterschreiten." Vgl. Romeike und Hager (2009), S. 236-241.
[123] Vgl. Hull (2001), S. 548-551.
[124] Quelle: Eigene Darstellung in Anlehnung an Goldman Sachs (2007), S. 9.
[125] Vgl. Goldman Sachs (2007), S. 11.
[126] Vgl. Krämer (2000), S. 15. Die Deutsche Bundesbank verwendet beispielsweise in einem Bericht über >Volatilitätsmuster an den Finanzmärkten< quadrierte Renditen unter Beibehaltung des Vorzeichens, um den Effekt der Renditekonzentration zu veranschaulichen. Hierzu vgl. Deutsche Bundesbank (2005), S. 65.

ringen Kursbewegungen.[127] Diese Aussage wird durch Untersuchungen zur empirischen Autokorrelation der Renditen gestützt, wobei diese Befunde nicht zwangsläufig für jede Finanzmarktreihe zutreffen müssen und in ihrer Intensität ein breites Spektrum aufweisen können. So ermittelt beispielsweise KRÄMER durch Variation des Beobachtungszeitraums unterschiedliche Korrelationswerte für die *Time Lags* der Hoechst Aktie. Die ermittelten Autokorrelationen sind dennoch allesamt signifikant von Null verschieden und nehmen für höhere Ordnungen nur langsam ab.[128] In einer weiteren Studie von Goldman Sachs wurden 5.747 Dax-Tagesrenditen analysiert. Als Ergebnis konnten keine Autokorrelationen unter den direkt beobachtbaren Tagesrenditen nachgewiesen werden. Werden allerdings quadrierte Renditen zur Beurteilung des Schwankungsverhaltens herangezogen, so konnte auch hier ein maßgeblicher Einfluss der vorangegangenen Schwankungen auf den aktuell beobachteten Wert festgestellt werden.[129]

Für die Theorie der Optionsbewertung kann festgehalten werden, dass derartige Eigenschaften der Volatilität im Rahmen der Bestimmung des Optionspreises eine Berücksichtigung finden müssen. Beispielsweise dürfte die Wertbestimmung einer langfristigen Option nicht vollständig von einer aktuell hohen Volatilität dominiert werden, da diese die Tendenz zur Rückkehr zum Mittelwert aufweist und somit eine Reduktion der zukünftigen Schwankungsbreite erwarten lässt.

Der Vergleich realer Beobachtungswerte mit den theoretischen Werten des zugrunde liegenden stochastischen Prozessmodells zeigt klare Differenzen auf. Inwiefern diese modelltheoretische Lücke zumindest für den Parameter σ ansatzweise geschlossen werden kann, ist u. a. ein Hauptanliegen dieser Arbeit.

3.2 Realoptionen

3.2.1 Theorietransfer

Basierend auf der Analogie zwischen Finanz- und Realoptionen kann nun relativ leicht eine Definition ausgewiesen werden, die fortan das begriffliche Verständnis für diese Arbeit prägen soll. Das grundlegende Denken in Optionen wird ferner anhand eines verbalen Beispiels konkretisiert. Bevor ein formales Beispiel im Rahmen der Erläuterung der Bewertungsverfahren an-

---

[127] Vgl. Gammelin und Kloy (2006), S. 5.
[128] Vgl. Krämer (2000), S. 22-25.
[129] Für die einzelnen Lags gilt: $t_{-1} = 0{,}23$; $t_{-2} = 0{,}14$ und $t_{-3} = 0{,}13$. Hierzu vgl. Goldman Sachs (2007), S. 10f.

geführt werden kann, sind zunächst die Optionsparameter zu spezifizieren. Ein Überblick über die Bandbreite der mit einer Investition verbundenen (möglichen) Optionen rundet den Themenbereich vor Betrachtung der Bewertungsverfahren ab.

Um zu einer Definition gelangen zu können, muss an dieser Stelle der nachfolgende Sachverhalt noch einmal hervorgehoben werden, da er die Grundlage für das Vorliegen einer Realoption bildet. Die hinter dem Begriff der Realoption stehende Bewertungstheorie sollte in Situationen zur Anwendung kommen, die durch eine hohe *Unsicherheit, Irreversibilität* und dem Vorliegen von *Handlungsflexibilität* gekennzeichnet sind. Solche Situationen vermögen die DCF-Verfahren nicht bewerten zu können, so der Vorwurf der gängigen Literatur. Inwiefern durch eine Erweiterung der DCF-Verfahren und der Berücksichtigung der Marktbedingungen ggf. diese Annahme zu falsifizieren ist, bedarf der weiteren Betrachtung. Welchen Einfluss haben nun die drei situationsbeschreibenden Parameter auf die Auswahl der Bewertungsmethodik? Ein Denken in Extremwerten erweist sich hier als hilfreich. Das Fehlen von Unsicherheit führt zu einem sicheren und zugleich deterministischen Verhalten des Underlyings, welches folglich mit traditionellen Bewertungsmethoden analysiert werden kann. Die zweite Extremposition schließt ein Vorhandensein von Handlungsspielräumen aus. Dies führt wiederum zu einer symmetrischen Auszahlungsstruktur der Investitionsmöglichkeit, so dass eine Beurteilung mit Hilfe von Verfahren, wie µ-σ, erfolgen kann.[130] Die Eigenschaft der Irreversibilität wurde in dieser Arbeit als notwendige Bedingung für das Vorliegen von Unsicherheit betrachtet, da eine reversible Investitionsmöglichkeit stets revidiert werden kann.

Eine Realoption schafft demnach die Flexibilität, zukünftige Handlungsspielräume nutzen zu können. Die Handlungsspielräume bieten dem Management die Möglichkeit, ein Investitionsprojekt erweitern, abbrechen, verschieben oder in einer beliebigen Form modifizieren zu können. Die Entscheidung über die Nutzung eines Handlungsspielraums wird dabei in Abhängigkeit der sich entwickelnden Unternehmensumwelt getroffen. Die Erschließung einer Realoption verursacht zumeist irreversible Kosten (Analogie zur Optionsprämie), deren Ausübung weitere Auszahlungen (Zahlung des Basispreises) bedingt.[131]

---

[130] Vgl. Meyer (2006), S. 163. Eine für das Unternehmen vorteilhafte asymmetrische Struktur ist durch eine Begrenzung des Verlusts, bei gleichzeitiger Offenhaltung von Gewinnmöglichkeiten, gekennzeichnet.
[131] Vgl. Hungenberg u. a. (2005), S. 6; Zaklasnik (2004), S. 4; Hommel und Pritsch (1999), S. 2f. sowie Peemöller und Beckmann (2002), S. 742.

Typische Einsatzfelder des Realoptionsansatzes finden sich häufig bei Projekten zur Erschließung natürlicher Ressourcen. Ein Ölförderprojekt ist nahezu idealtypisch geeignet, um den Wert realer Optionen anschaulich beschreiben zu können. Zunächst muss das Unternehmen über den Erwerb einer Erschließungs- und Förderlizenz entscheiden, die zugleich die Möglichkeit für Probebohrungen eröffnet. Weitere Entscheidungspunkte stellen die Erschließung des Ölfelds und die Förderung dar.

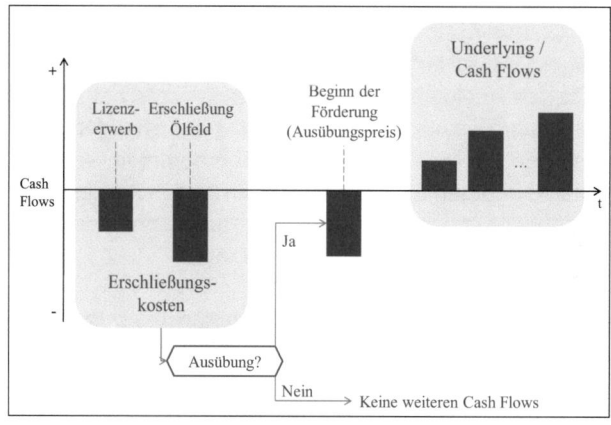

Abbildung 3.3: *Cash Flow Struktur*[132]

Durch den Erwerb der Lizenz erhält dessen Inhaber automatisch eine sich anschließende Verbundoption. Somit beruht eine rationale Entscheidungsfindung auf der Annahme, dass der Wert dieser Verbundoption die Lizenzgebühr und die Kosten für die Probebohrungen übersteigt. Der Wert der Verbundoption wird dabei im Wesentlichen von der *förderbaren Ölmenge* und der Entwicklung des *Marktpreises* beeinflusst. Die Unsicherheit über die förderbare Ölmenge wird durch die Probebohrungen beseitigt, so dass eine Grundlage für die Entscheidung zur Erschließung des Ölfeldes geschaffen wird. Ist es sinnvoll, das Ölfeld zu erschließen, so kann das Unternehmen in Abhängigkeit des Marktpreises für Öl über eine sofortige Förderung entscheiden oder ggf. abwarten, bis der Ölpreis wieder ein vorteilhaftes Niveau erreicht hat.[133]

---

[132] Quelle: Eigene Darstellung in Anlehnung an Hungenberg u. a. (2005), S. 25 sowie Crasselt und Tomaszweski (2002), S. 134.

[133] Beispiel entnommen aus: Crasselt und Tomaszweski (2002), S. 134. Ein Beispiel zur Exploration einer Goldmine findet sich bei Hommel und Pritsch (1999), S. 3. Neben der Möglichkeit der Beendigung der Förderung wird die Möglichkeit der Förderungsunterbrechung ebenfalls als realistische Alternative in dem Beispiel ausgewiesen.

Die Möglichkeit, wertorientiert auf neue Informationen reagieren zu können, ist kennzeichnend für Handlungsspielräume.[134] Der Vorwurf der einschlägigen Literatur gegenüber dem gängigen Kapitalwertverfahren begründet sich auf der nicht korrekten Erfassung des Werts der Handlungsflexibilität, so dass der Realoptionsansatz als teilweise neues Paradigma angepriesen wird.[135]

3.2.2 Modellparameter

In Abschnitt 3.1.1 wurden die Parameter einer Aktienoption erläutert und deren jeweiliger Einfluss auf den Optionswert aufgezeigt. Aufgrund der bereits geschilderten Analogie (*Unsicherheit, asymmetrisches Risikoprofil, etc.*) zwischen Real- und Finanzoptionen können die bisherigen Ausführungen und Konventionen für reale Investitionen übernommen werden. Der Vollständigkeit halber müssen die Parameter noch an den Kontext realer Investitionsprojekte angepasst werden. Dabei wird zur Veranschaulichung auf das zuvor skizzierte Ölförderprojekt Bezug genommen.

Optionsparameter		Realoption
Basiswert	S_0	Entspricht dem Barwert der erzielbaren Cash Flows bei Ausübung der Realoption.
Basispreis	K	Investitionssumme zur Erschließung der Cash Flows. Nachdem die Probebohrungen und die Erschließung des Ölfeldes erfolgreich abgeschlossen wurden, fallen einmalige und zugleich irreversible Kosten zu Beginn der Ölförderung an.
Restlaufzeit	T	Zeitspanne innerhalb derer die Option auszuüben ist (z. B. Fristen für Probebohrungen, etc.). Ebenfalls sind amerikanische und europäische Gestaltungen möglich.
Volatilität	σ	Schwankungsbreite der Cash Flows, welche über die Risikofaktoren determiniert wird (unbekannte Menge an förderbarem Öl / zukünftig erzielbare Marktpreise).

---

[134] Vgl. Peemöller und Beckmann (2002), S. 735.
[135] Zur Kritik am Kapitalwertverfahren seien beispielsweise Büch (2006), S. 22; Peemöller und Beckmann (2002), S. 742 sowie Seiler und Stauber (2003), S. 119-125 angeführt. Den Begriff des Paradigmas im Zusammenhang mit dem ROA verwendet u. a. HILPISCH, um den Übergang zu einer optionsbasierten Unternehmensführung zu kennzeichnen. Hierzu vgl. Hilpisch (2006), S. 58-63 und S. 211-234.

Optionsparameter		Realoption
Risikoloser Zinssatz	r	Zinssatz der risikolosen Anlage. Identisch für Finanz- und Realoptionen.
Erwartete Dividende	D	Entspricht dem Wertverlust im Zeitablauf. Dies können entgangene Cash Flows bedingt durch die Verzögerung der Option, Opportunitätskosten der Lizenzgebühr oder Kosten zur Aufrechterhaltung der Option sein.

Tabelle 3.2: Parameter einer Realoption[136]

Zur Beschreibung realer Optionen hat sich in der Literatur eine mannigfaltige Begriffswelt entwickelt, die über die einfache Unterscheidung zwischen Call und Put als europäische oder amerikanische Variante, ggf. mit Dividendencharakter, weit hinausgeht.

3.2.3 Optionsarten

Es ist nicht die Zielsetzung dieses Abschnitts, sämtliche theoretisch mögliche reale Optionen bzw. Handlungsspielräume zu erfassen und en détail zu erläutern. Dies würde der Schwerpunktsetzung dieser Arbeit widersprechen. So führt beispielsweise HILPISCH in seiner Arbeit in der Summe sechzehn verschiedene Optionstypen auf.[137] Ein Blick in die englischsprachige Literatur offenbart ein ähnliches Bild. Hier finden sich bei AMRAM/KULATILAKA sowie COPELAND/ANTIKAROV insgesamt dreizehn Optionstypen.[138] Erschwerend kommt hinzu, dass unterschiedliche Begriffe für identische Sachverhalte verwendet werden. Die Möglichkeit der Eindämmung der geschäftlichen Aktivitäten wird bei HILPISCH als *Schrumpfoption*, bei NIPPA/PETZOLD als *Einschränkungsoption* und bei HOMMEL/PRITSCH als *Versicherungsoption* bezeichnet.[139]

Die Auswertung der Studien zur Verbreitung und Akzeptanz verschiedener Bewertungsverfahren in Kapitel 2 offenbarte bereits die fehlende Bereitschaft zur Anwendung des Realoptionsansatzes in der Praxis. Die in der Literatur vorherrschende Begriffsvielfalt wird daher kaum zu einer Verbesserung der allgemeinen Akzeptanz beitragen. Aus diesem Grund wird eine eher pragmatisch geprägte Vorgehensweise gewählt, um die mit einer Investition verbundenen Handlungsspielräume erkennen und klassifizieren zu können.

---

[136] Vgl. Hungenberg u. a. (2005), S. 6f.; Hommel und Pritsch (1999), S. 3f. sowie Peemöller und Beckmann (2002), S. 742-744.
[137] Vgl. Hilpisch (2006), S. 65-75.
[138] Vgl. Amram und Kulatilaka (1999), S. 10f. sowie Copeland und Antikarov (2001), S. 12f., S. 15-20, jeweils zitiert nach Batran (2008), S. 230.
[139] Vgl. Hommel und Pritsch (1999), S. 5; Hilpisch (2006), S. 66, S. 71-73 sowie Nippa und Petzold (2003), S. 165.

Letztlich bedingt jede praktische Anwendung des Ansatzes zu Beginn eine eingehende Identifikation projektinhärenter Optionsrechte.[140] Zur Illustration wird erneut das Ölförderprojekt aufgegriffen und einer deduktiven Betrachtung unterzogen. Trotz der Vielfalt an möglichen Handlungsspielräumen, basieren Realoptionen grundsätzlich auf den beiden Finanzoptionsarten Call und Put. Die Flexibilität, eine Investition abbrechen zu können, kann dabei über eine Put-Option dargestellt werden. Demgegenüber stehen Erweiterungsinvestitionen, die generell mittels Call-Optionen modelliert werden können. Die angesprochene Möglichkeit, die Ölförderung verzögern zu können, wird allgemeinhin als Lernoption bezeichnet.[141] Prinzipiell können unter dem Handlungsmuster *Wachsen, Warten* und *Schrumpfen* ein Großteil aller Handlungsspielräume subsumiert werden.[142] Die Entscheidungssituation zu Beginn des Ölförderprojekts beinhaltet eine weitere Realoptionsart, die als Verbundoption bezeichnet wird. Charakteristisches Merkmal dieser Option ist, dass es sich um Optionen auf Optionen handelt, wobei erst die letzte Option dieses Verbunds einen finanziellen Rückfluss generiert.[143] HILPISCH ordnet die Verbundoption der Kategorie der *komplexen Realoptionen* zu. Diese Optionen stellen faktisch Kombinationen der bereits angeführten Optionsarten dar oder haben Spezialfälle der Bewertung zum Gegenstand.[144]

Die Zuordnung einzelner Optionstypen zu den grundlegenden Handlungsmustern *Wachsen, Warten* und *Schrumpfen* hat sich in zahlreichen Arbeiten

---

[140] Vgl. Hommel und Pritsch (1999), S. 4. An dieser Stelle wird bereits der Bewertungsprozess für Realoptionen angedeutet, der mit der Identifikation entsprechender Rechte beginnt. Die Bestimmung eines Bewertungsprozesses bildet wiederum an späterer Stelle die Grundlage für die Beurteilung der Eignung des ROA zur Unterstützung des strategischen Entscheidungsprozesses. Die in diesem Zusammenhang in den Vordergrund drängende Thematik der Interaktionseffekte zwischen den einzelnen Optionsrechten wird an dieser Stelle noch zurückgestellt. Es sei allerdings schon angemerkt, dass eine Aufsummierung aller Optionsrechte keineswegs den Gesamtwert der projektinhärenten Handlungsspielräume exakt widerspiegelt. Vielmehr werden methodische Parallelen zur Risikoaggregation deutlich, so dass ein einfaches Aufsummieren in diesem Kontext einem Ignorieren der jeweiligen Wechselwirkungen (Korrelationen) gleich käme. Hierzu vgl. Romeike und Hager (2009), S. 150-156.
[141] Vgl. Batran (2008), S. 229f.
[142] Vgl. Hilpisch (2006), S. 66.
[143] Vgl. Treptow (2004), S. 21.
[144] Weitere komplexe Optionen sind *Rainbow* und *Multiple Optionen*. Hierzu vertiefend Hilpisch (2006), S. 73-75.

zum Thema Realoptionen etabliert.[145] Dennoch ist dies nicht die einzige Möglichkeit der Klassifizierung. So unterscheiden beispielsweise PEEMÖLLER und BECKMANN zwischen operativen und strategischen Optionen, um damit den Bezug zum kurz- und langfristigen Erfolgspotenzial des Unternehmens herzustellen.[146] Die folgende Grafik gibt abschließend einen Überblick zu den drei grundlegenden Handlungsmustern und ordnet diesen entsprechende Optionstypen zu.

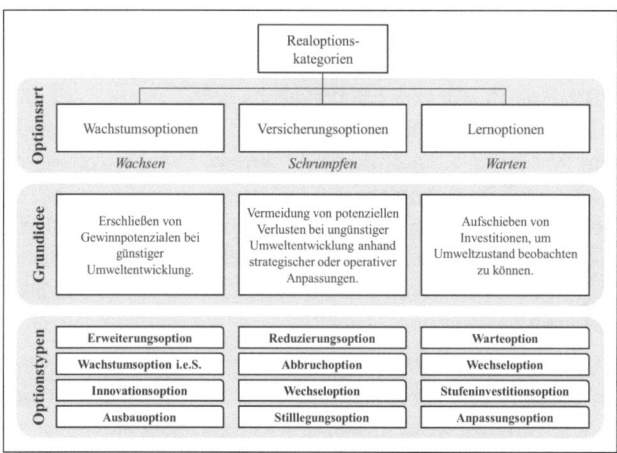

Abbildung 3.4: Systematisierung von Realoptionen[147]

Für die Anwendung des Realoptionsansatzes kann festgehalten werden, dass eine Identifikation von Handlungsspielräumen unter Zuhilfenahme der aufgezeigten Handlungsmuster eine praktikable Möglichkeit bietet.[148] Der Einsatz des Realoptionsansatzes beschränkt sich jedoch nicht nur auf die

---

[145] Dieser Einteilung folgen bspw. Hilpisch (2006), S. 65-75; Treptow (2004), S. 20; Nippa und Petzold (2003), S. 165; Hungenberg u. a. (2005), S. 19 sowie Hommel und Pritsch (1999), S. 4-7.
[146] Vgl. Peemöller und Beckmann (2002), S. 744f.
[147] Quelle: Eigene Darstellung in Anlehnung an Treptow (2004), S. 20; Nippa und Petzold (2003), S. 165 sowie Hungenberg u. a. (2005), S. 19. Die Zuordnung eines Optionstyps zu einer Optionsart basiert auf kontextspezifischen Gegebenheiten, so dass beispielsweise eine Wechseloption in einem Fall mehr einer Versicherungsoption gleicht, in einem anderen Fall wiederum der Charakter einer Lernoption überwiegen kann. Für den praktischen Einsatz ist das Hauptaugenmerk auf die Identifikation der Optionsrechte zu richten. Semantische „Spitzfindigkeiten" sollten daher nachrangig betrachtet werden. Einige Anwendungsbeispiele zu den Optionsarten finden sich bei Hommel und Pritsch (1999), S. 5.
[148] Dieser Auffassung folgen u. a. Hommel und Pritsch (1999), S. 4 sowie Hungenberg u. a. (2005), S. 17f.

bisher aufgezeigten Investitionsprojekte. Grundsätzlich eignet sich der Ansatz für Situationen, in denen zukünftige Entscheidungen in Abhängigkeit einer unsicheren Umweltentwicklung getroffen werden können.[149] Ein interessantes Anwendungsbeispiel zur Bewertung von Vertragselementen findet sich bei KNOLLMANN und KROLLE.[150]

3.2.4 Optionspreisermittlung

3.2.4.1 Arbitragefreiheit und Replikation

Der Bewertungsmethodik wird häufig vorgeworfen, zu komplex und abstrakt für den Anwender zu sein. Dieser Vorwurf soll mit den nachfolgenden Erläuterungen im Abschnitt 3.2.4 entkräftet werden. Die Darstellung der einzelnen Verfahren wird daher anhand von Beispielen vorgenommen. Dabei wird insbesondere die Beziehung zwischen den *scheinbar* unterschiedlichen Bewertungsverfahren aufgezeigt, um die Entwicklung der Bewertung von einfachen Arbitrageüberlegungen bis hin zum Black-Scholes-Modell nachvollziehbar gestalten zu können.

Das erste Verfahren zur Bewertung einer Option beruht einzig auf der Annahme des Fehlens von Arbitragemöglichkeiten. Demnach ist es möglich, die Auszahlungsstruktur einer Realoption mittels eines Portfolios, bestehend aus verfügbaren Wertpapieren, replizieren zu können. Das Replikationsportfolio weist dann zu jedem Zeitpunkt die gleichen Eigenschaften und den gleichen Wert wie die betrachtete Option auf. Die Kosten zur Erstellung dieses Portfolios stellen den Wert der Option dar.[151]

Die Vorgehensweise zur Erstellung eines replizierenden Portfolios wird in diesem Abschnitt anhand eines Einperiodenmodells präsentiert. Dieses Modell wird im Rahmen der weiteren Betrachtungen zu einem Mehrperiodenmodell und letztlich zu einem stetigen Modell erweitert. Die Grundlage aller Modelle bildet dabei ein vollkommener Markt, dessen Existenz ebenfalls schon für das CAPM vorausgesetzt wurde.[152]

---

[149] Vgl. Crasselt und Tomaszewski (2002), S. 136f. Als Beispiele werden flexible Fertigungssysteme, die Bereitstellung von Fertigungskapazitäten und Venture-Capital-Projekte genannt.
[150] Vgl. Knollmann und Krolle (2003), S. 199-218.
[151] Vgl. Hilpisch (2006), S. 119 und S. 272 sowie Romeike und Hager (2009), S. 191.
[152] Hervorzuheben sind die Eigenschaften der beliebigen Teilbarkeit der Wertpapiere, des identischen Zinssatzes für Geldanlagen und Kredite, des Fehlens von Transaktionskosten sowie der Möglichkeit, Leerverkäufe und Kreditaufnahmen jederzeit in beliebiger Menge durchführen zu können. Vgl. Adelmeyer und Warmuth (2009), S. 122, ausführlicher bei Copeland u. a. (2008), S. 206f.

Das nachfolgende Beispiel ist mit einem europäischen Call vergleichbar. Die Projektvolatilität wird (noch) nicht mit einem direkten Wert belegt, findet allerdings über die Spannweite der beiden möglichen Zustände S_1^u und S_1^d Eingang in die Bewertung.

Ausgangssituation	
Ein Unternehmen besitzt die Realoption, ein Projekt in t_0 oder t_1 umsetzen zu können. Der Projektwert beträgt aktuell 90,-. In t_1 beträgt dieser entweder 150,- oder 50,-. Die Kosten zur Umsetzung des Projekts betragen 80,-.	
Handlungsspielraum	
Das Unternehmen muss entscheiden, ob das Projekt sofort umgesetzt wird oder ggf. in die Periode t_1 verschoben wird. D.h. es ist zu überprüfen, welche der beiden Möglichkeiten einen maximalen Wertbeitrag generiert. Der Kapitalwert des Projekts in t_0 setzt sich aus der Differenz des aktuellen Projektwerts und den Kosten zur Umsetzung zusammen [NPV_0 = 90-80=10,-]. Das Projekt ist zu verschieben, wenn der Wert der Verzögerungsoption über 10,- liegt.	
Berechnung	
Optionsparameter S_0 = 90 S_1^u = 150 S_1^d = 50 K = 80 T = 1,0 r = 0,05	Die Auszahlung der Option kann durch den Erwerb von Anteilen am Projekt und einer Kreditaufnahme / Ausgabe eines Zerobonds dupliziert werden. Es gilt: 150a + 105b = 70 50a + 105b = 0. Die Lösung des linearen GLS führt zu a = 7/10 und b = -1/3 [a = Anteile am Projekt, b = Kreditaufnahme zu r = 0,05]. Die Kosten der Replikation betragen: 90*7/10-1/3*100 = <u>29,67</u>,-
Vergleich der Zahlungsströme und Fazit	
Der Vorgang zur Bildung des Portfolios in t_0 sowie die Erfassung der Auszahlungsstruktur in t_1 mit den möglichen Werten 150,- oder 50,- wird abschließend in tabellarischer Form präsentiert. Das Projekt ist folglich zu verschieben.	

	t_0	t_1: S_1 = 150,-		t_1: S_1 = 50,-	
Optionsprämie	29,67	Auszahlung Option	70,00	Auszahlung Option	0,00
Projektkauf	0,7*90 = 63,00	Projektverkauf	0,7*150 = 105,00	Projektverkauf	0,7*50 = 35,00
Kreditaufnahme	1/3*100 = 33,33	Kredittilgung	33,33*1,05 = 35,00	Kredittilgung	33,33*1,05 = 35,00
Σ	0,00	Σ	0,00	Σ	0,00

Abbildung 3.5: Beispiel zur Replikation[153]

Das Replikationsportfolio besteht in dem Beispiel, neben einem Kredit, aus 0,7 Projektanteilen. Es wird in diesem Zustand als *selbstfinanzierend* bezeichnet, da die Auszahlungsverpflichtungen in t_1 ohne eine weitere Zuführung von Finanzmitteln erfüllt werden können. In einem Mehrperiodenmodell hingegen erfordert das Eintreten neuer Umweltzustände eine dynamische Anpassung der Portfoliostruktur. Die Kosten für den Erwerb weiterer Anteile an der risikobehafteten Position und daraus resultierende Kredit- und Zinsverpflichtungen werden über die Optionsprämie finanziert.[154] Für eine vertiefende Betrachtung zur dynamischen Replikation sei der Leser auf Anhang 3 verwiesen. Aufbauend auf obigem Beispiel werden die erforderlichen Transaktionen im Rahmen eines Zweiperiodenmodells präsentiert.

Die durchgeführte Bewertung ist als objektiviert und marktwertorientiert zu bezeichnen. Eine subjektive Schätzung von Eintrittswahrscheinlichkeiten

---

[153] Quelle: Eigene Darstellung. Das Beispiel ist an Hilpisch (2006), S. 119f. angelehnt.
[154] Vgl. Hilpisch (2006), S. 125.

oder die Abbildung individueller Präferenzen des Investors musste nicht vorgenommen werden.[155] Der Wert der Verzögerungsoption wird einzig auf Basis am Markt gehandelter Wertpapiere bestimmt. Dabei wird unterstellt, dass das Projekt selbst ein am Markt gehandeltes Wertpapier verkörpert und ein effizienter Handel stattfindet. Diese Annahme wird in der Realität jedoch nur selten erfüllt sein. Zumeist wird der Basiswert erst durch das Projekt geschaffen. Um weiterhin eine marktwertorientierte Bewertung gewährleisten zu können, wird zur Lösung dieses Problems die Verwendung eines perfekt korrelierten Vermögensgegenstandes („twin asset") empfohlen.[156] COPELAND u. a. schreiben der Suche nach diesem Vermögensgegenstand allerdings nur eine geringe Erfolgswahrscheinlichkeit zu, so dass weitere Alternativen zu prüfen und Konsequenzen einer fehlenden Marktnähe in der Bewertung zu berücksichtigen sind.[157] Ähnliche Probleme zeigten sich bereits bei der Bestimmung der Beta-Faktoren nicht-börsennotierter Unternehmen.

Das Vorliegen eines *vollständigen Markts*[158] ist für eine marktwertorientierte Bewertung letztlich unabdingbar. Der noch zu bearbeitende Themenkomplex der Limitationen des Realoptionsansatzes erörtert die Folgen, die aus einem unvollständigen Markt für die Bewertung resultieren.

3.2.4.2 Binomialmodell

Der vorangegangene Abschnitt verdeutlichte, dass die Replikationsmethode zu exakten Optionswerten führt und zugleich Transparenz über die dynamische Portfoliostruktur schafft. Geht die Betrachtung dagegen zu Mehrperiodenmodellen über, so impliziert dies einen hohen Rechenaufwand, da mehrere lineare GLS zu lösen sind. Ein wesentlich effizienterer Weg wird über die Bewertung mittels *risikoneutraler Wahrscheinlichkeiten* eingeschlagen.[159] Der Begriff scheint zunächst abstrakt und dem Verständnis nicht unmittelbar zugänglich zu sein. Auch die Angabe einer formalen Definition erweist sich an dieser Stelle als noch nicht zielführend. Deshalb wird auf das theoretische Konstrukt des sog. *reinen Wertpapiers* zurückgegriffen, welches der *State-Preference-Theory* entlehnt ist.

Ein reines Wertpapier schüttet genau 1 € aus, wenn ein bestimmter Umweltzustand eintritt. In allen anderen Zuständen beträgt die Auszahlung 0 €. Die

---

[155] Vgl. Batran (2008), S. 239.
[156] Vgl. Schäfer und Schässburger (2003), S. 296f.
[157] Vgl. Copeland u. a. (2008), S. 399 und Hahnenstein u. a. (2002), S. 732.
[158] Ein Markt heißt vollständig, wenn jeder Zahlungsstrom durch eine Linearkombination von risikoloser Anlage und risikobehaftetem Wertpapier repliziert werden kann. Vgl. Dangl und Kopel (2003), S. 55.
[159] Vgl. Hilpisch (2006), S. 127.

Grundidee des reinen Wertpapiers besagt nun, dass jedes gehandelte Wertpapier in ein Portfolio aus reinen Wertpapieren zerlegt werden kann. Somit kann jede Auszahlungsstruktur in einem vollständigen und arbitragefreien Markt erzeugt werden.[160] Dabei steht der Preis eines reinen Wertpapiers, genauer dessen Zustandspreis, im Fokus der Betrachtung.

Für das im vorangegangen Abschnitt skizzierte Beispiel beträgt der aktuelle Projektwert 90 € und kann in einem Jahr entweder bei 150 € oder 50 € liegen. Durch Aufstellung des bereits bekannten Gleichungssystems können die Zustandspreise ermittelt werden.[161] Demnach kostet ein reines Wertpapier π_{150} = 0,4238 €, welches genau 1 € auszahlt, wenn das Projekt einen Wert von 150 € erreicht. Für den Fall, dass der Projektwert in einem Jahr bei 50 € liegt, kostet ein entsprechendes Papier π_{50} = 0,5286 €.[162] Die Bewertung einer beliebigen Rückflussstruktur/Option reduziert sich nun auf eine einfache Multiplikation der Auszahlungsstruktur in t_1 mit den entsprechenden Zustandspreisen.

Ebenso kann ein risikoloses Portfolio gebildet werden, welches unabhängig vom Umweltzustand genau einen Euro in t_1 ausschüttet. Dazu muss jeweils ein reines Wertpapier für jeden möglichen Umweltzustand erworben werden.

$$(3.5) \quad \sum_{s=1}^{S} \pi_s = \frac{1}{1+r}$$

für das Bsp. gilt:

$$\sum_{s=1}^{2} \pi_s = 0{,}4238 + 0{,}5286 = 0{,}9524 = \frac{1}{1{,}05}$$

---

[160] Vgl. Meyer (2006), S. 76 und Copeland u. a. (2008), S. 120.

[161] Eine Alternative zur Verwendung eines Gleichungssystems besteht in der Invertierung der Auszahlungsmatrix und anschließender Multiplikation mit dessen Preisvektor. Die Auszahlung in Höhe von 50,- in t_1 (rechte Spalte der Matrix) wird durch eine risikolose Anlage (r = 0,05) eines Betrags von 47,62,- in t_0 erzielt. Hierzu vgl. Zimmermann (1998), S. 20f.

$$\Omega = \begin{pmatrix} 150 & 50 \\ 50 & 50 \end{pmatrix} \; ; \; \Omega^{-1} \cdot \vec{p} = \begin{pmatrix} 1/100 & -1/100 \\ -1/100 & 3/100 \end{pmatrix} \times \begin{pmatrix} 90 \\ 47{,}62 \end{pmatrix} = \begin{pmatrix} 0{,}4238 \\ 0{,}5286 \end{pmatrix}.$$

[162] Für den Projektwert gilt: 0,4238 € * 150 + 0,5286 € * 50 = 63,57 € + 26,43 € = 90 €.

Die Summe der Zustandspreise repräsentiert letztlich den Barwert der Zahlung von 1 €, der mit dem risikolosen Zinssatz, hier r = 0,05, diskontiert wird.[163] Ein Zustandspreis kann demnach als eine mit dem risikolosen Zinssatz diskontierte Auszahlung von 1 € verstanden werden, die mit der Zustandswahrscheinlichkeit p_s zu multiplizieren ist.

(3.6) $\quad \pi_s = \dfrac{1}{1+r} \cdot p_s \Leftrightarrow p_s = \pi_s \cdot (1+r)$

bzw. $p_s = \dfrac{\pi_s}{\sum_{s=1}^{S} \pi_s}$

Die Wahrscheinlichkeit p_s wird allgemeinhin als *risikoneutrale Wahrscheinlichkeit* bezeichnet. Sie ist keine reale Wahrscheinlichkeit, sondern implizit in den Marktpreisen enthalten. Der dargelegte Sachverhalt kann nun mittels Formel (3.7) zur Optionsbewertung genutzt werden. Der Wert einer Option (OV = Option Value) besteht letztlich aus der diskontierten Summe der erzielbaren Cash Flows (CF), multipliziert mit der jeweiligen Eintrittswahrscheinlichkeit.[164]

(3.7) $\quad OV = \sum_{s=1}^{S} CF_s \cdot \pi_s = \sum_{s=1}^{S} \dfrac{CF_s}{1+r} \cdot p_s = \left(\sum_{s=1}^{S} CF_s \cdot p_s \right) \cdot (1+r)^{-1}$

Unter Bezugnahme auf das bereits präsentierte Beispiel, soll abschließend die Bewertung anhand des Binomialmodells veranschaulicht werden.

In diesem Zusammenhang sei darauf hingewiesen, dass aus methodischen Gründen durchgängig dasselbe Beispiel betrachtet wird. Eine Variation der Ausgangssituation ist dabei problemlos möglich, da die Grundidee der Bewertung stets unverändert bleibt. Dies verdeutlicht Gleichung (3.7). Weitere Modifikationen wie beispielsweise eine amerikanische Optionsgestaltung oder die Berücksichtigung von Ausschüttungen, führen zwar zu einer veränderten Cash Flow Struktur, die Bewertungsmethodik ändert sich dadurch allerdings nicht.[165]

---

[163] Vgl. Copeland u. a. (2008), S. 125.
[164] Vgl. Zimmermann (1998), S. 20-22, S. 28.
[165] Liegt eine Option amerikanischen Typs vor, so ist im Binomialmodell zu prüfen, ob der innere Optionswert den aktuellen Optionswert übersteigt. Ist dies der Fall, so sollte die Option vorzeitig ausgeübt werden. Die Cash Flow Struktur des Projekts ist ent-

Erneut verfügt ein Unternehmen über die Realoption, ein Projekt in t_0 oder t_1 umsetzen zu können. Das Projekt wird in t_1 umgesetzt, wenn die erzielbaren Cash Flows über den Ausübungskosten liegen. Der risikolose Zinssatz wird fortan als stetiger Parameter betrachtet. Der Projektwert steigt in jedem Schritt um das u-fache oder fällt auf das d-fache des vorangegangenen Wertes. Für die Bewertungsparameter kann, basierend auf den bisherigen Ausführungen, formal festgehalten werden:[166]

(3.8) $\quad u = e^{\sigma \sqrt{\frac{T}{N}}} \quad d = e^{-\sigma \sqrt{\frac{T}{N}}} \quad p = \dfrac{e^{r \frac{T}{N}} - d}{u - d} \quad$ mit N = Schrittzahl im Modell.

Die nachfolgende Grafik zeigt den Entwicklungspfad für den Projektwert innerhalb eines Jahres auf. Einen maßgeblichen Einfluss auf die Spannweite des Binomialbaums hat dabei die Projektvolatilität, die das Schwankungsverhalten der Cash Flows quantifiziert. Ein möglicher Projektendwert von 280,96 € (s. Abbildung) resultiert aus acht Aufwärts- und zwei Abwärtsbewegungen ($S_{10} = S_0 \cdot u^8 \cdot d^2$). Dieser spezifische Projektwert kann über insgesamt 45 Wege erreicht werden. Die Wahrscheinlichkeit für diesen Projektwert ergibt sich aus dem Produkt der Anzahl der möglichen Wege und der Wahrscheinlichkeit für acht Aufwärts- und zwei Abwärtsbewegungen $\left[\binom{10}{8} \cdot p^8 \cdot (1-p)^2 = 0{,}0285 \right]$.

Somit kann für diesen Umweltzustand ein Erwartungswert (EW) von 280,96 € * 0,0285 = 8,00 € ermittelt werden.

---

sprechend zu modifizieren. Sind während der Laufzeit der Option Auszahlungseffekte (s. Dividenden) abzubilden, so kann dies entweder über eine Anpassung des Zinsfaktors oder durch eine Reduktion des Basiswerts am Auszahlungstag erfolgen. Beispiele zur Bewertung amerikanischer Optionen mittels Binomialmodells finden sich bei Hull (2009), S. 309-311 und S. 509-511. Ebenfalls wird bei HULL die Thematik der Erfassung von Dividendenzahlungen anhand von Beispielen illustriert. Vgl. Hull (2009), S. 517-521.

[166] Vgl. Hull (2009), S. 308. Die Formel zur Bestimmung der risikoneutralen Wahrscheinlichkeit basiert auf einer Umformung der Matrizengleichung zur Ermittlung von Zustandspreisen.

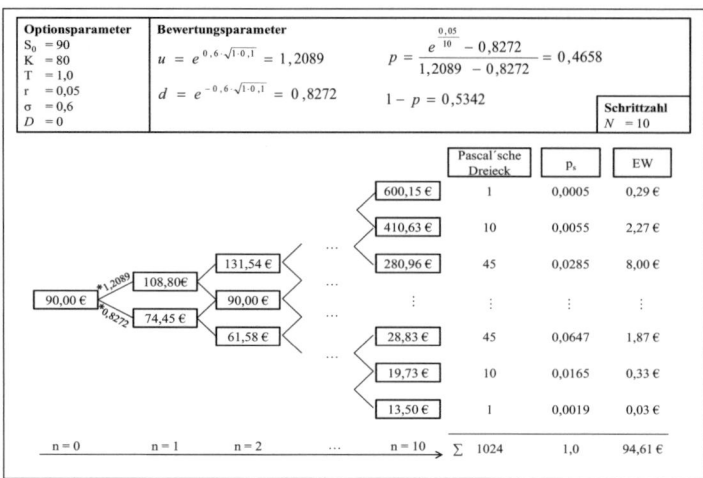

Abbildung 3.6: Simulation des Projektwerts im Binomialmodell[167]

Der Optionswert kann nun rekursiv ermittelt werden, indem bei Fälligkeit zunächst der innere Wert der Option bestimmt wird. Ist dieser negativ, so lautet der Wert 0 €, da eine Ausübung einen negativen Wertbeitrag erzielen würde. Anschließend erfolgt eine Berechnung des jeweiligen Optionswertes in Abhängigkeit des Zeitpunktes und Zustandes im Binomialbaum (vgl. nachfolgende Abbildung).[168]

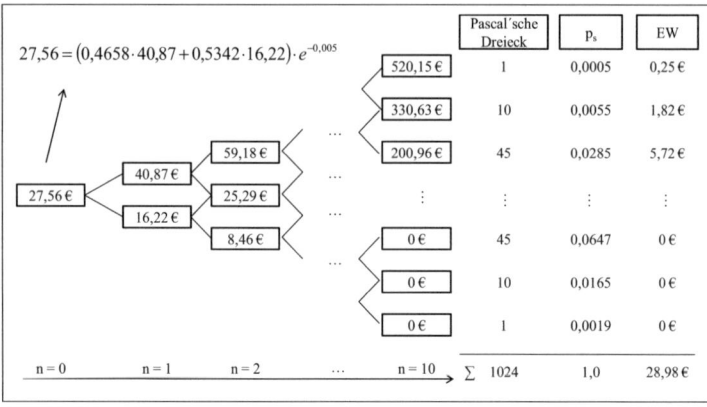

Abbildung 3.7: Projektwertbestimmung mittels Binomialmodells[169]

---

[167] Quelle: Eigene Darstellung.
[168] Vgl. Peemöller und Beckmann (2002), S. 746-748.
[169] Quelle: Eigene Darstellung.

In Gl. (3.7) wurde formal definiert, dass der Optionswert die diskontierte Summe über die erzielbaren Cash Flows, gewichtet mit den risikoneutralen Wahrscheinlichkeiten, darstellt. Dieser Gedanke findet seine formale Vollendung in Gleichung (3.9), die den Sachverhalt der obigen Abbildung in die Sprache der Mathematik überführt.[170]

$$(3.9) \quad c = \left\{ \sum_{n=a}^{N} \binom{N}{n} \cdot p^n \cdot (1-p)^{N-n} \cdot \left[u^n \cdot d^{N-n} \cdot S_0 - K \right] \right\} \cdot e^{-rT}$$

Die Aufsummierung beginnt bei der Variablen a, die nur Umweltzustände erfasst, innerhalb derer die Option einen positiven Endwert besitzt. Ein Umweltzustand weist gem. Gleichung (3.9) drei Charakteristika auf. Zu Beginn wird über das kombinatorische Element die Anzahl der Wege zu einem Zustand bestimmt (s. Pascal'sche Dreieck). Diese Anzahl wird mit der Wahrscheinlichkeit und der Auszahlung des Umweltzustandes multipliziert. Für das Beispiel wird ein aufsummierter Erwartungswert von 28,98 € ermittelt, der diskontiert den Optionswert ergibt.

3.2.4.3 Black-Scholes-Modell

Der im diskreten Binomialmodell ermittelte Optionswert kann durch eine Erhöhung der Schrittzahl immer weiter an das Ergebnis einer stetigen Lösung angenähert werden. Dafür wird das Black-Scholes-Modell (BSM) verwendet, welches auf denselben theoretischen Grundüberlegungen wie die bisher betrachteten Modelle aufbaut. Der Vorteil dieses Modells begründet sich auf seine schnelle und praktikable Anwendung. Durch Einsetzen der Modellparameter gelangt man unmittelbar zu einem Optionswert. Der Vorteil der schnellen Ergebnisfindung geht allerdings zu Lasten der Transparenz, wie diese im Binomialmodell vorzufinden ist. Insbesondere ergeben sich Probleme bei der Erfassung fallspezifischer Cash-Flow Strukturen. Ebenso kann das Recht, ein Projekt jederzeit abbrechen zu können (Analogie zum amerik. Put) nicht mit dem nachfolgenden BSM bewertet werden.[171]

Der Übergang von einer diskreten zu einer stetigen Betrachtung kann mittels Gl. (3.9) veranschaulicht werden. Diese Gleichung beinhaltet zwei Konstanten (S_0 und K), nach denen die Formel für einen Call (c) umgestellt werden kann.

---

[170] Gleichung modifiziert übernommen aus Copeland u. a. (2008), S. 296.
[171] Vgl. Hull (2009), S. 365.

(3.10) $$c = S_0 \cdot \left[\sum_{n=a}^{N} \binom{N}{n} \cdot p^n \cdot (1-p)^{N-n} \cdot \frac{u^n \cdot d^{N-n}}{e^{rT}} \right]$$

$$- K \cdot e^{-rT} \cdot \left[\sum_{n=a}^{N} \binom{N}{n} \cdot p^n \cdot (1-p)^{N-n} \right]$$

Der zweite Klammerausdruck ist eine Binomialverteilung der Form $B(n \geq a | N, p)$. Ebenso kann der erste Klammerausdruck durch Substitution von p durch $p' = (u \cdot e^{-rT/N}) \cdot p$ als Verteilungsfunktion interpretiert werden.[172]

(3.11) $c = S_0 \cdot B(n \geq a | N, p') - K \cdot e^{-rT} \cdot B(n \geq a | N, p)$

Für eine hohe Schrittzahl kann die Binomial- durch eine Normalverteilung approximiert werden. Dieser Gedankengang führt zum Black-Scholes Modell, mit dessen geschlossenem Verfahren sowohl dividendenlose europäische Optionen als auch amerikanische Kaufoptionen bewertet werden können.[173]

(3.12) $c = S_0 \cdot N(d_1) - K \cdot e^{-rT} \cdot N(d_2)$ und $p = K \cdot e^{-rT} \cdot N(-d_2) - S_0 \cdot N(-d_1)$

$$d_1 = \frac{\ln(S_0 / K) + (r + \sigma^2 / 2) \cdot T}{\sigma \cdot \sqrt{T}} ; \ d_2 = \frac{\ln(S_0 / K) + (r - \sigma^2 / 2) \cdot T}{\sigma \cdot \sqrt{T}} = d_1 - \sigma \sqrt{T}$$

Für das Projektbeispiel mit den Parametern: $S_0 = 90$; $K = 80$; $T = 1,0$; $\sigma = 0,6$; $r = 0,05$ ergibt sich durch Einsetzen in Gl. (3.12):

$$d_1 = \frac{\ln(90/80) + (0,05 + 0,6^2 / 2) \cdot 1}{0,6 \cdot \sqrt{1}} = 0,5796 \text{ und } d_2 = 0,5796 - 0,6 = -0,0204$$

Die Werte der Standardnormalverteilung lauten:

$N(d_1) = N(0,5796) = 0,7189$ und $N(d_2) = N(-0,0204) = 0,4919$

$c = 90 \cdot 0,7189 - 80 \cdot e^{-0,05} \cdot 0,4919 = \underline{27,27}$

---

[172] Gl. (3.10) und Gl. (3.11) modifiziert übernommen aus Copeland u. a. (2008), S. 296.
[173] Auszahlungseffekte können im BSM erfasst werden, wenn der Zeitpunkt und die Höhe der Dividendenzahlung bekannt sind. Hierzu vgl. Hull (2009), S. 364f. und S. 371-375.

Abschließend muss konstatiert werden, dass das BSM erhöhte mathematische Anforderungen an den Nutzer stellt. Dafür liefert das geschlossene Verfahren exakte Ergebnisse, die im Binomialmodell nur über eine hohe Schrittzahl erreicht werden können. Problematisch gestaltet sich jedoch die Abbildung projektspezifischer Cash Flow Strukturen wie diese häufig bei Realoptionen auftreten können. Hier wirkt das BSM zu standardisiert und unflexibel. Seine Stärke kommt vielmehr in der Bewertung jener Situationen zur Geltung, die klar definierte Bedingungen aufweisen. Das Binomialmodell hingegen kann Zahlungsströme flexibel abbilden und schafft dabei eine hohe Transparenz, die zugleich eine höhere Nutzerfreundlichkeit bietet.

3.3 Messung der Flexibilität und Unsicherheit

3.3.1 Erfassung der Flexibilität

Ein zu Beginn der Arbeit formuliertes Versprechen des Realoptionsansatzes bestand in der Aussage, eine Bewertung zu ermöglichen, die frei von individuellen Einschätzungen und Erwartungen ist. Diese Forderung konnte auf Basis des Arguments der Arbitragefreiheit erfüllt werden.[174] Ein weiteres Versprechen bildete die Möglichkeit, den mit einer Investition verbundenen Handlungsspielraum quantifizieren zu können. In der Literatur wird in diesem Zusammenhang häufig der Begriff des „erweiterten" Kapitalwerts angeführt, welcher zwischen einem *statischen Kapitalwert* und einem *Flexibilitätswert* unterscheidet.[175]

Der *statische Kapitalwert* wird dabei als *innerer Wert* einer Option betrachtet, der entweder als Marktpreis oder als Ergebnis einer DCF-Bewertung vorlie-

---

[174] Zur Verdeutlichung wird noch einmal das Beispiel des Einperiodenmodells aufgegriffen, welches einen aktuellen Projektwert von 90,- besitzt und in einem Jahr entweder einen Wert von 150,- oder 50,- aufweist. Die Replikation der Zahlungsstruktur der Option kostete 29,67,-. An dieser Stelle soll nun die Irrelevanz subjektiver Annahmen verdeutlicht werden. Theoretisch könnte ein Investor dem Umweltzustand S_1 = 150,- eine subjektive Wahrscheinlichkeit von bspw. 60 Prozent zuordnen. Dadurch würde ein Optionswert von (0,6 * 70)/1,05 = 40,00,- resultieren, der jenen der Replikation überträfe und zugleich die Grundlage für Arbitragegeschäfte schaffen würde. Der Fehler liegt hierbei in der Verwendung des risikolosen Zinssatzes als Diskontierungsfaktor begründet. Dem Gesetz des einen Preises folgend, muss ein Diskontierungsfaktor in Höhe von 41,56% Verwendung finden, um keine Arbitragegeschäfte zu ermöglichen. Zur Unterscheidung zwischen realem und risikoneutralem Diskontierungsfaktor vgl. Hull (2009), S. 305f. und Copeland u. a. (2008), S. 398f.

[175] Der Begriff des erweiterten Kapitalwerts findet sich beispielsweise bei Peemöller und Beckmann (2002), S. 748; Seiler und Stauber (2003), S. 124f.; Büch (2006), S. 782 und Hilpisch (2006), S. 35-39.

gen kann. Dieser Betrachtung liegt die Vorstellung einer symmetrischen Verteilung der zukünftigen Einzahlungsüberschüsse zugrunde, die gerade durch das Vorliegen von Handlungsspielräumen in eine asymmetrische Struktur überführt werden kann. Diese Bewertungsleistung kann das DCF-Verfahren nicht erbringen, so dass eine immanente Unterbewertung von Projekten mit Handlungsspielräumen erfolgt.[176] In der Konsequenz können Projekte mit einem negativen statischen Kapitalwert abgelehnt werden, obwohl deren Durchführung unter Berücksichtigung des Flexibilitätswerts zu empfehlen wäre.[177] Die zweite Komponente des Konzepts des erweiterten Kapitalwerts erfasst schließlich den Wert der Flexibilität. Diese Größe wird über den Zeitwert der Option quantifiziert. Die folgende Abbildung gibt einen Überblick über die Wertkomponenten des Standardbeispiels dieser Arbeit.

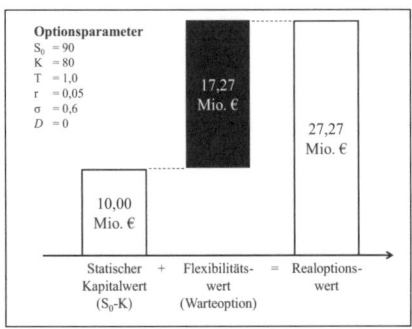

Abbildung 3.8: Erweiterter Kapitalwert[178]

Die Unsicherheit über die Entwicklung der zukünftigen Cash Flows findet über die Größe der Volatilität Eingang in die Berechnung. Ihre Ausprägung hat dabei einen maßgeblichen Einfluss auf den Flexibilitätswert. Für $\sigma=0{,}1$ resultiert bspw. ein sehr geringer Flexibilitätswert von 4,06 €, für $\sigma=0{,}9$ bereits ein Wert von 26,26 €.

Aufgrund der hohen wertbeeinflussenden Wirkung soll nachfolgend analysiert werden, welche Methoden existieren, um dem Parameter einen Wert zuweisen zu können.

---

[176] Vgl. Peemöller und Beckmann (2002), S. 736; Batran (2008), S. 126-128 sowie Seiler und Stauber (2003), S. 125.
[177] Vgl. Weiser (2003), S. 280. Ein Beispiel für diese Konstellation geben Peemöller und Beckmann (2002), S. 745-748.
[178] Quelle: Eigene Darstellung.

3.3.2 Quantifizierung der Volatilität

3.3.2.1 Auswertung wissenschaftlicher Publikationen

Eine zentrale Forschungsfrage dieser Arbeit ist der Methodik zur Bestimmung eines Werts für die Volatilität gewidmet. Daneben bieten die übrigen Optionsparameter genügend Raum für weitere Untersuchungen, die aufgrund der Fokussierung dieser Arbeit nicht weiter thematisiert werden können. Insbesondere muss an dieser Stelle die Frage aufgeworfen werden, inwiefern die Verwendung von konstanten Parametern für reale Projekte zu rechtfertigen ist. Im Gegensatz zu Finanzoptionen weisen Investitionsprojekte häufig eine fehlende vertragliche Fixierung auf, infolgedessen bspw. der Ausübungspreis oder die Laufzeit der Option durchaus Änderungen im Zeitablauf unterliegen können.

Diese Arbeit soll u. a. aufzeigen, welche Methoden in der wissenschaftlichen Literatur verbreitet sind, um der Volatilität eines Investitionsprojekts einen Wert zuweisen zu können. Dazu wurden zunächst über 150 Quellen gesichtet, die Aspekte der Realoptionstheorie zum Gegenstand hatten. In einem zweiten Schritt wurde die Anzahl der Quellen auf jene reduziert, die Praxisbeispiele präsentierten. Im Mittelpunkt der Betrachtung standen dabei die Unsicherheitsfaktoren, welche eine maßgebliche Wirkung auf die Cash Flows des Projekts ausübten. Besonderes Augenmerk galt anschließend der Methode, mittels derer ein konkreter Volatilitätswert bestimmt wurde.

Dieser Abschnitt dient der Präsentation der Ergebnisse der Quellenrecherche. Die gewonnenen Erkenntnisse werden anschließend im Abschnitt 3.3.2.2 diskutiert, um ein Bild über die Anwendung und Verbreitung der Methoden zur Gewinnung eines Volatilitätswerts zeichnen zu können. Gegebenenfalls werden weitere Methoden ergänzt, die nicht in den Praxisbeispielen behandelt wurden, um einen systematischen Zugang zu den zahlreichen Methoden bieten zu können.

Autor	Praxisbeispiel	Unsicherheits-faktoren[179]	Methode / Bemerkungen
Hommel und Müller (2000)	Option zur Erhöhung der Produktionskapazität.	Barwert zukünftiger Cash Flows.	Fiktives Beispiel. Volatilität wird antizipiert. [$\sigma = 0{,}3$].
Amely und Suciu-Sibianu (2001)	Bewertung der Möglichkeit, eine Brokerageplattform anbieten zu können.	Anzahl der Kunden und Transaktionen sowie Gebührenmodell.	Fiktives Beispiel. Volatilität wird anhand von vier Vergleichsunternehmen bestimmt. Das Underlying wird nicht gehandelt. Somit konnte keine historische Volatilität ermittelt werden. [$\sigma = 0{,}33$].
Walter und Borchert (2002)	Erweiterung der Kapazität eines Kraftwerks.	Absetzbare Elektrizitätsmenge.	Fiktives Beispiel. Keine Angabe zur Methode. [$\sigma = 0{,}4$].
Rams (1999)	Zusammenschluss zweier Firmen, um eine Cash Flow stabilisierende Wirkung zu erzielen.	Barwert zukünftiger Cash Flows.	Verdeutlichung des Diversifikationseffekts. Der Zusammenschluss zweier Firmen führt zu einer geringeren Gesamtvolatilität der Cash Flows, falls diese miteinander korreliert sind. Der Gesamtwert des Eigenkapitals ist demnach geringer als die Summe der zuvor unabhängigen Werte („conglomerate discount").
Hommel und Pritsch (1999)	Bewertung des Rechts, einen Mietvertrag zu Jahresbeginn kündigen oder verlängern zu können.	Mietpreisniveau.	Ebenfalls ein fiktives Beispiel, welches die historische Volatilität der Mietpreise verwendet. [$\sigma = 0{,}22$].
Hungenberg und Wulf (2006)	Bewertung eines Ölbohrrechts.	Ölpreis.	Betonung der Notwendigkeit des Vorliegens von Kapitalmarktdaten. Die Volatilität kann in diesem Fall aus den an Börsen gebildeten Ölpreisen bestimmt werden. Liegen diese Daten nicht vor, so schlagen die Autoren die Schätzung der Optionsparameter vor. Problematisch ist dabei die Berücksichtigung multipler Unsicherheitsfaktoren sowie das Verhalten der Wettbewerber.
Friedl (2002)	Elektronischer Marktplatz für gebrauchte Telefone und dazugehörige Dienstleistungen.	Barwert zukünftiger Cash Flows.	Es wird die historische Volatilität auf Jahresbasis von bereits etablierten und börsennotierten Wettbewerbern übernommen. [$\sigma = 0{,}4$].

---

[179] Falls dem jeweiligen Beispiel keine Informationen über die Unsicherheitsfaktoren zu entnehmen sind, erfolgt pauschal die Angabe „Barwert zukünftiger Cash Flows".

Autor	Praxisbeispiel	Unsicherheitsfaktoren	Methode / Bemerkungen
Weiser (2003)	Bewertung von antizipierten Handlungsoptionen auf Gesamtunternehmensebene.	Kein klassisches Beispiel zur Bewertung mittels Optionspreismodell. Der Unsicherheitsfaktor wird im Rahmen der Unternehmensbewertung über den Beta-Faktor erfasst.	In diesem Beispiel wird der Argumentation gefolgt, dass der Aktienkurs aus einer kapitalisierten Rente (hier: Gewinn pro Aktie/Eigenkapitalkostensatz) und einem Optionsanteil bestehe. Grundlage für die weitere Berechnung bildet eine Peer-group von drei Unternehmen, mittels derer die benötigten Parameter (β_{equity}, r_{EK}, Verhältnis Optionsanteil zu kapitalisierter Rente) abgeleitet werden können. Dieses Verfahren setzt einerseits die Vergleichbarkeit der Unternehmen voraus, andererseits wird ein nahezu identisches Portfolio an Realoptionen für alle Unternehmen unterstellt.
Brenner u. a. (2007)	Immobilienbewertung.	Marktpreis der Immobilie.	Nutzung von historischen Volatilitäten basierend auf Mietangaben / Mietspiegel der letzten zehn Jahre. [$\sigma = 0{,}165$].
Bucher u. a. (2002)	Bewertung von Eurotunnel als Equity Realoption.	Barwert zukünftiger Cash Flows.	Der Wert der Aktie wird über einen Optionsansatz berechnet. Als Basiswert (→ Cash Flows) wird das Ergebnis einer DCF-Bewertung herangezogen. Der Ausübungspreis entspricht dem Fremdkapital, dessen Duration zugleich als Laufzeit der Option dient. Die Volatilität des Aktienkurses beträgt $\sigma = 0{,}8288$.
Peemöller und Beckmann (2002)	Bewertung der Option eines Unternehmens, einen neuen Markt erschließen zu können.	Barwert zukünftiger Cash Flows.	Fiktives Beispiel. Die Schwankung der Cash Flows wurde über eine Simulationsrechnung ermittelt. Dazu wurden die einzelnen Größen der Planungsrechnung mit Verteilungsfunktionen versehen, so dass eine Volatilität von $\sigma = 0{,}42$ resultierte.
Hartmann (2006)	Medikament im Entwicklungsstadium.	Die möglichen zukünftigen Cash Flows werden durch zahlreiche Faktoren beeinflusst, wie bspw.: Wirkmechanismus des Medikaments, Patientenzahl, Diagnosemöglichkeiten, Erstattungsregeln, Aktivitäten der Konkurrenz, etc.	Für die Berechnung eines Volatilitätswerts wird ein semiquantitativer Ansatz (Scoring-Modell) gewählt. Der Einfluss eines einzelnen Faktors auf die Volatilität wird anhand eines Punktesystems, in den Ausprägungen *niedrig-mittel-hoch*, beurteilt. Beispielsweise werden Veränderungen in der Patientenzahl mit der Ausprägung *mittel* eingeschätzt, was zwei Punkten entspricht. Die aufsummierte Punktzahl über alle Faktoren wird mittels einer einfachen Gleichung in einen Wert für die Volatilität überführt. [$\sigma = 0{,}27$].

Autor	Praxisbeispiel	Unsicherheitsfaktoren	Methode / Bemerkungen
Batran (2008)	Wertschöpfungspartnerschaft durch Lieferantenentwicklung.	Beziehungswert des Lieferanten (zukünftige Zahlungsströme).	Die Volatilität wird entweder durch die Schätzung eines optimistischen oder pessimistischen Szenarios ermittelt. Zusätzlich wird ein Wachstumsfaktor in der Berechnung berücksichtigt, so dass die Angabe eines Konfidenzintervalls für den Erwartungswert möglich ist. Ein Beispiel[180]: Aktueller Wert S_0 = 500; pessimistisches Szenario S_1 = 400; Wachstumsfaktor α = 0,1; Zeitraum T = 5. Gemäß der, in der zitierten Arbeit, zugrunde gelegten Formel $$\sigma = \frac{\sum_{t=1}^{T} \alpha_t - \ln\left(\frac{S_{pessimistisch}}{S_0}\right)}{2 \cdot \sqrt{T}}$$ resultiert für σ ein Wert von 0,16.
Freihube (2001)	Möglichkeit der Entwicklung eines Grundstücks.	Mieteinnahmen für Wohnungen, Büroflächen und Stellplätze.	Erneut wird mit Szenarien gearbeitet. In diesem Beispiel[181] müssen zunächst drei Szenarien bestimmt werden. Zur Diskontierung, der mit den Szenarien verbundenen Cash Flows, wird der wacc-Ansatz genutzt. Die Quantifizierung der Volatilität erfolgt mit der Formel: $$\sigma = \sqrt{p \cdot \left[\left(\frac{S_{pes.}}{S_{real.}} - 1\right)^2 + \left(\frac{S_{opt.}}{S_{real.}} - 1\right)^2\right]}$$ Für das Beispiel gilt σ = 0,145.
Krolle und Oßwald (2003)	Internetbasierter Finanzdienstleister mit zwei Investitionsoptionen zum Ausbau des Geschäftsfeldes.	Zahlreiche Unsicherheitsfaktoren wie: Anzahl der Nutzer, Anzahl der gelisteten Fonds, Preis pro Seitenzugriff, Personalkosten, etc.	Jedem Unsicherheitsfaktor wurde unter Nutzung von Marktinformationen und Expertenschätzungen eine Wahrscheinlichkeitsverteilung zugeordnet. Darauf aufbauend, konnten Risikoprofile erzeugt werden, die zur Beurteilung der Vorteilhaftigkeit der Optionen herangezogen werden konnten.

---

[180] Das Beispiel findet sich bei Batran (2008), S. 257f. Die Formel wurde leicht modifiziert übernommen und der Notation dieser Arbeit angepasst. BATRAN präsentiert in Abschnitt 5.4 seiner Arbeit eine Fallstudie, deren Volatilitätsparameter über diesen Ansatz bestimmt wird.

[181] Zur Vertiefung sei der Leser auf das vollständige Beispiel bei Freihube (2001), S. 151-170 verwiesen. Die Notation der Formel wurde erneut angepasst. Die Größe S stellt den Barwert der Rückflüsse des Projekts dar, der in Abhängigkeit des jeweiligen Szenarios in der Höhe differiert. Dabei wird zwischen einem realistischen, optimistischen und pessimistischen Szenario unterschieden. Mit der Wahrscheinlichkeit p, werden das optimistische und pessimistische Szenario gewichtet. Der Autor dieses Beispiels weist auf die methodische Notwendigkeit der Gleichgewichtung dieser beiden Szenarien hin.

Autor	Praxisbeispiel	Unsicherheitsfaktoren	Methode / Bemerkungen
Knollmann und Krolle (2003)	Einfluss der Vertragsgestaltung auf den Kaufpreis eines Unternehmens der Telekommunikationsindustrie.	Gesamtentwicklung des Technologiemarkts, Entwicklungsfortschritte konkurrierender Technologien, zukünftige Produktionskosten, Zugang zu Großkunden, etc.	Die historische und implizite Volatilität von börsennotierten Vergleichsunternehmen wird zu einem Mittelwert verdichtet. Die Autoren schlagen vor, jene Vergleichsunternehmen stärker zu gewichten, deren Risikostruktur mit derer des Zielunternehmens am ehesten übereinstimmt. [σ = 1,14].
Müller (2001)	Markteintritt in den polnischen Retail-Banking Markt.	Höhe der Kundeneinlagen und -kredite.	Die Ergebnisse dreier verschiedener Verfahren wurden zu einem Wert aggregiert. Das erste Verfahren diente der Bestimmung der historischen Volatilität. Desweiteren wurde die Projektvolatilität über eine Simulation sowie durch die Auswertung von Kapitalmarktdaten vergleichbarer Unternehmen bestimmt. [σ = 0,60].

Tabelle 3.3: Quantifizierung der Projektvolatilität

Die Tabelle hätte noch um zahlreiche Beispiele ergänzt werden können. Jedoch waren diese Praxisbeispiele derart einfach konzipiert, dass deren Berücksichtigung keinen zusätzlichen Erkenntnisgewinn hervorgebracht hätte. Vielmehr wurde zumeist ein Wert für die Volatilität vorgegeben. In diesen Fällen unterblieb zudem ein Verweis auf die Unsicherheitsfaktoren und die Methodik zur Bestimmung des Volatilitätswerts.

3.3.2.2 Verfahren

3.3.2.2.1 Ergebnisdiskussion der Quellenanalyse

Im vorangegangenen Abschnitt konnte eine große Bandbreite an Einsatzfeldern des Realoptionsansatzes aufgezeigt werden. Die Grundeinstellung der Autoren gegenüber diesem Bewertungsansatz ist dabei durchweg als positiv zu bezeichnen. Nur wenige Quellen führen Limitationen des Ansatzes auf. Kritische Stimmen, welche den Nutzen dieser Theorie in Frage stellen, sind kaum vorzufinden. Das Gros der Quellen stammt dabei aus der Zeit der Jahrtausendwende, in dessen Zeitraum ebenfalls die Dotcom-Krise einzuordnen ist. Einhergehend erlebte der Realoptionsansatz seine „Blütezeit", da nahezu jeder Unternehmenswert durch das Vorliegen von Optionen legitimiert werden konnte.[182]

Der Schwerpunktsetzung dieser Arbeit folgend, sollen die präsentierten Methoden nun systematisiert und vervollständigt werden. Einen Orientierungsrahmen bietet dabei die Eigenschaft der Handelbarkeit des Underlyings, welches im besten Fall auf einem Markt gelistet ist und auf dessen Wert zugleich Optionen geschrieben sind. Häufig muss jedoch im Bewertungsprozess gänzlich auf Marktdaten verzichtet werden, wodurch das Bewertungsergebnis subjektiven Einschätzungen unterliegt. Im Extremfall kann der Volatilitätsparameter einzig auf dem Urteil eines sog. Experten beruhen. Diesem Systematisierungsansatz werden nun entsprechende Methoden der Volatilitätsquantifizierung zugeordnet.

Methode \ Marktnähe	Underlying am Markt gehandelt	Kein Handel, Nutzung der Daten von Vergleichsobjekten möglich	Kein Rückgriff auf Marktdaten möglich
❶ Implizite Volatilität	✓	✓	✗
❷ ARCH-/GARCH-Modelle EWMA-Modell Historische Volatilität	✓	✓	✗
❸ Monte-Carlo Simulation Diverse Schätzverfahren Scoring-Modelle Expertenmeinungen	✓	✓	✓

Abbildung 3.9: Methoden zur Quantifizierung der Volatilität[183]

In der Abbildung werden die Methoden in Abhängigkeit der Marktnähe des Underlyings betrachtet. Ein Haken symbolisiert dabei die prinzipielle Anwendbarkeit des Verfahrens, ein Kreuz verdeutlicht dessen Ausschluss. Die farbliche Unterlegung, der aus der Kombination der beiden Parameter resultierenden Felder, kennzeichnet die Ausprägung der Marktwertorientierung im Sinne einer Ampellogik. Die Verwendung von Marktwerten wurde in dieser Arbeit bereits als eine von fünf Forderungen an ein modernes Bewer-

---

[182] Diese Entwicklung spiegelte sich deutlich an den Aktienmärkten wider. Nach einer rasanten, nahezu explosionsartigen Entwicklung schloss der Nemax All Share am 10. März 2000 bei 8.583 Punkten. Am 8. Oktober 2002 verzeichnete der Index gerade noch einen Stand von 353 Punkten. Ein Beleg für die enorme Vernichtung von Werten. Vgl. Tebroke und Tietze (2005), S. 271.

[183] Quelle: Eigene Darstellung.

tungsverfahren kommuniziert. So weist das Verfahren der „historischen Volatilität" im Falle der Handelbarkeit des Underlyings eine hohe Marktwertorientierung auf, da die Datenbasis zur Berechnung vorgegeben und somit eine intersubjektive Überprüfung möglich ist. Die Analogie zur Berechnung eines Beta-Faktors wird an dieser Stelle offensichtlich. Müssen dagegen die Daten von Vergleichsunternehmen herangezogen werden, so kann eine hohe Marktwertorientierung nur im Falle einander entsprechender Risikostrukturen und perfekt korrelierter Cash Flows bestätigt werden.[184] Ansonsten besteht die Möglichkeit, das Bewertungsergebnis durch die Auswahl der Vergleichsunternehmen beeinflussen bzw. manipulieren zu können. PRITSCH und WEBER weisen in diesem Zusammenhang daraufhin, dass die beobachtete Volatilität der Vergleichsunternehmen nicht mit der Projektvolatilität gleichzusetzen ist. Insbesondere wirkt der finanzielle Leverage auf die Volatilität ein, so dass dieser Effekt zunächst zu neutralisieren ist.[185] Die Anwendung des Verfahrens der historischen Volatilität ist allerdings auszuschließen, wenn das Underlying weder gehandelt wird noch ein Ausweichen auf Surrogate möglich ist.

Einen großen Spielraum für subjektive Gestaltungselemente bieten die Methoden der zuletzt ausgewiesenen Gruppe. Zu nennen sind hier insbesondere Verfahren wie Expertenschätzungen oder intern konzipierte Scoringmodelle. Daher sind diese rot unterlegt. Zum Vorteil muss den Verfahren der dritten Gruppe jedoch gereichen, dass diese eine universelle Einsatzmöglichkeit bieten. Die Unabhängigkeit von der Handelbarkeit des Underlyings geht allerdings zu Lasten der angestrebten Marktwertorientierung des Bewertungsverfahrens.

Die durchgeführte Quellenanalyse und die daraus gewonnene Übersicht zur Methodenvielfalt verdeutlicht letztendlich, dass es kein absolut überlegenes Verfahren in der Praxis gibt. Vielmehr wurden die Ergebnisse mehrerer Verfahren in den Beispielen kombiniert, um zu belastbaren Ergebnissen zu gelangen. In diesem Abschnitt werden drei Methoden einer genaueren Betrachtung unterzogen, um deren Funktionsweise, aber auch deren Restriktionen, aufzeigen zu können. Ein häufig genanntes Verfahren bildete dabei die Berechnung der historischen Volatilität, die einhergehend mit der impliziten Volatilität aufgegriffen wird. Aufgrund der Eignung zur Erfassung der

---

[184] Die Verwendung eines Vergleichsobjekts ist weitestgehend unproblematisch, wenn das dem Projekt zugrunde liegende Produkt an einem Markt gehandelt wird. Als Beispiel kann das bereits zitierte Ölexplorationsvorhaben genannt werden. Hierzu vgl. Müller (2004), S. 183.

[185] Vgl. Pritsch und Weber (2003), S. 158f. Ferner hinterfragen die Autoren die prinzipielle Eignung historischer Daten, um damit die Volatilität eines zukünftigen und neuartigen Produkts beurteilen zu können.

Charakteristika der Volatilität (vgl. Abschnitt 3.1.3) wird der Nutzen der bisher unberücksichtigten Verfahren zur Volatilitätsprognose (EWMA- und GARCH-Modell) herausgestellt.

Desweiteren wurden zahlreiche semiquantitative Methoden in den Beispielen angeführt, die auf Basis von Szenarioentwürfen oder Scoring-Modellen operieren. Diese Verfahren werden aufgrund der gebotenen Kürze nicht weiter untersucht. Stattdessen werden jene Methoden fokussiert, die eine hohe Marktnähe aufweisen.

Die Verbreitung und Bekanntheit der Monte-Carlo-Simulation zur Ableitung eines Werts für σ und μ kann, basierend auf den Erkenntnissen der Quellenrecherche, als hoch eingeschätzt werden. Die MC-Simulation eignet sich insbesondere gut zur Erzeugung von Risikoprofilen, eröffnet jedoch durch die Notwendigkeit der Zuordnung von Wahrscheinlichkeitsfunktionen genügend Raum für subjektive Einschätzungen.[186]

3.3.2.2.2 Historische und implizite Volatilität

Die historische Volatilität ist über eine Schätzfunktion zu berechnen. Das Stichprobenmittel der n einzubeziehenden Realisationswerte eines Zufallsprozesses wird über:

$$(3.13) \quad \hat{\mu} = \frac{1}{n}\sum_{i=1}^{n} x_i \text{ mit } x_i = \ln\left(\frac{S_i}{S_{i-1}}\right) \text{ berechnet.}$$

Die Stichprobenvarianz bzw. Standardabweichung ergibt sich aus:[187]

$$(3.14) \quad \hat{\sigma}^2 = \frac{1}{n-1} \cdot \sum_{i=1}^{n}(x_i - \hat{\mu})^2 \text{ und } \hat{\sigma} = \sqrt{\hat{\sigma}^2}$$

Durch die Verwendung des Korrekturfaktors $(n-1)^{-1}$ wird die Stichprobenfunktion zugleich zu einer erwartungstreuen Funktion für die Varianz.[188] Die Struktur der Gl. (3.14) offenbart, dass jede Zufallsvariable x_i mit der gleichen Gewichtung in den Volatilitätsparameter eingeht. ROMEIKE und HAGER illustrieren die teilweise recht sonderbar anmutenden Effekte dieses modelltheoretischen Konstrukts in mehreren Beispielen. Anhand einer Trendwende der täglichen Marktpreisänderungen soll ein Effekt an dieser Stelle kurz skizziert werden. Dazu werden in Abbildung 3.10 zwei Diagramme ausgewiesen.

---

[186] Das Verfahren wurde innerhalb dieser Arbeit bereits in 2.3.3.3 thematisiert.
[187] Vgl. Bradtke (1999), S. 190-192 und Müller (2004), S. 183.
[188] Der Nachweis der Erwartungstreue findet sich ebenfalls bei Bradtke (1999), S. 208-210.

Das obere Diagramm enthält die tägliche Marktpreisänderung von insgesamt 600 Beobachtungswerten. Im unteren Diagramm wird die aus diesen Beobachtungswerten berechnete historische Volatilität über ein Zeitfenster von $n = 250$ ausgewiesen. Die Volatilität kann demnach erstmalig am 251. Tag bestimmt werden. Ab dem 270. Tag steigt die Volatilität des Underlyings wieder an. Der Aspekt der Gleichgewichtung führt nun dazu, dass die jüngsten Änderungen nur mit einem sehr geringen Anteil in den Gesamtparameter eingehen. Als Konsequenz werden noch für die nächsten 125 Tage sinkende Werte ausgewiesen, obwohl bereits ein gegenläufiger Trend klar zu erkennen ist.[189]

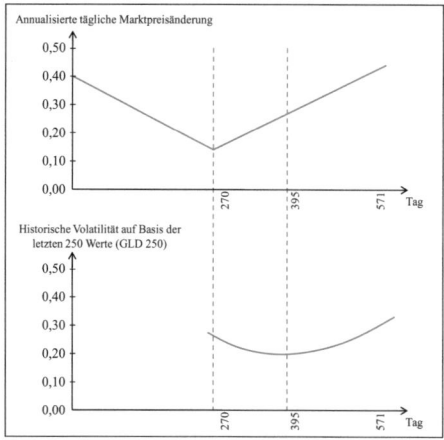

Abbildung 3.10: Beispiel zur historischen Volatilität[190]

Zusammengefasst gilt für diese Berechnungsmethode, dass die Volatilität nur sehr langsam und gedämpft auf Änderungen reagiert. Sie entspricht einem gleitenden Durchschnitt. Im Falle einer Trendumkehr besteht zusätzlich die Gefahr einer Fehlinterpretation des Volatilitätsparameters, so dass es zu einer Unterschätzung des Risikos kommen kann. Von der historischen Volatilität ist die implizite Volatilität zu unterscheiden. Diese kann herangezogen werden, wenn Optionen auf das Underlying gehandelt werden. Die am Markt beobachtbaren Optionspreise werden genutzt, um durch Iteration

---

[189] Vgl. Romeike und Hager (2009), S. 465-468. Eine weitere Auffälligkeit wird als Long-Memory-Effekt bezeichnet. Durch einen einmaligen und zeitlich begrenzten starken Anstieg der täglichen Änderungsrate (vgl. z.B. Geschehnisse des 11.09.2001) kommt es zu einer langanhaltenden Erhöhung der Volatilität, da dieses Ereignis für die Dauer des Betrachtungszeitraums in den Daten eingespeichert wird.
[190] Quelle: Eigene Darstellung in Anlehnung an Romeike und Hager (2009), S. 468.

den Volatilitätsparameter im Black-Scholes-Modell zu bestimmen. Anstelle der Vergangenheitsdaten werden die in den Optionspreisen enthaltenen Erwartungen der Marktteilnehmer berücksichtigt.[191] Die Grundidee dieser Vorgehensweise besagt nun, dass der Markt in der Lage ist, insbesondere Optionen, die am Geld sind und ein hohes Handelsvolumen aufweisen, richtig zu bewerten.[192] Stimmen die Annahmen des BS-Modells mit der Realität überein, so müsste die implizite Volatilität eine konstante Größe für alle auf ein Underlying gehandelte Optionen sein. Dem widerspricht nun die Existenz des sog. „Volatilitäts-Lächelns". Dieses beschreibt das Phänomen, dass sonst identische Optionen, die sich lediglich aufgrund des Basispreises voneinander unterscheiden, mit verschiedenen Volatilitäten am Markt bewertet werden. Die Volatilität wird somit sowohl vom Preisprozess als auch von der Höhe des Basispreises beeinflusst.[193]

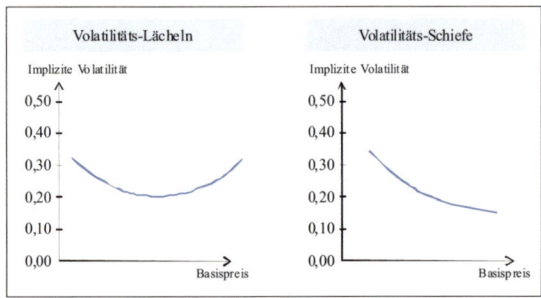

Abbildung 3.11: Implizite Volatilität und Basispreis[194]

---

[191] Vgl. Romeike und Hager (2009), S. 461.
[192] Vgl. Perridon u. a. (2009), S. 338.
[193] Eine mögliche Erklärung für die Existenz des „Volatilitäts-Lächelns" (volatility smile), kann auf die empirisch nachgewiesene Eigenschaft der „fat tails" zurückgeführt werden. Demnach treten extreme Kursausschläge wesentlich häufiger in der Realität auf, als dies von einer Normalverteilung prognostiziert wird. Das „Volatilitäts-Lächeln" kann in diesem Sinne als eine Art Korrektur des Black-Scholes-Modells interpretiert werden. In Abhängigkeit des jeweiligen Marktes kann anstelle eines Lächelns auch eine Volatilitätsschiefe (volatility skew) auftreten. Welcher Effekt nun überwiegt, hängt von den spezifischen Charakteristika des jeweiligen Marktes ab. PERRIDON u. a. weisen daraufhin, dass das Phänomen der Schiefe häufig bei Aktienindizes vorzufinden ist. Die intuitive Vermutung, dass die erwartete mit der tatsächlich realisierten Volatilität letztlich im Durchschnitt übereinstimmt, kann nicht bestätigt werden. Seit 1994 lag die implizite Volatilität signifikant über der realisierten Volatilität. Hierzu vgl. Goldman Sachs (2007), S. 13-15 und Perridon u. a. (2009), S. 339.
[194] Quelle: Eigene Darstellung in Anlehnung an Perridon u. a. (2009), S. 339 und Goldman Sachs (2007), S. 13.

Trotz der guten Eignung der impliziten Volatilität zur Prognose zukünftiger Entwicklungen, werden nur die wenigsten realen Investitionsprojekte auf dieses Verfahren zurückgreifen können.[195]

3.3.2.2.3 EWMA[196]-Modell

Die aufgezeigten Nachteile der Gleichgewichtung der einzubeziehenden Daten sollen durch die Verwendung eines wesentlich anpassungsfähigeren Modells beseitigt werden. Das EWMA-Modell besitzt die nötige Flexibilität, um unerwartete Crashs oder beispielsweise das Auftreten des Effekts des Volatilitätsclusterings zu erfassen. Dazu wird der Gewichtungsfaktor λ eingeführt. Die Daten der jüngeren Vergangenheit erhalten durch eine exponentielle Gewichtung einen wesentlich höheren Einfluss auf den Gesamtparameter als weit in der Vergangenheit liegende Daten.[197]

Das Modell kann durch eine Modifikation des erwartungstreuen Varianzschätzers hergeleitet werden. Dazu sind zunächst zwei Vereinfachungen zu treffen, die keinen wesentlichen Einfluss auf die Schätzfunktion ausüben. Zum einen wird der Korrekturfaktor auf n^{-1} reduziert. Ferner wird $\hat{\mu}$ gleich Null gesetzt, da die erwartete Änderung einer Variablen an einem Tag im Vergleich zur Volatilität als verschwindend gering zu bezeichnen ist. Diese Überlegungen leiten über zu:[198]

(3.15) $\quad \hat{\sigma}^2_{\text{mod}} = \frac{1}{n} \cdot \sum_{i=1}^{n} x_i^2$

Unter Berücksichtigung des Gewichtungsfaktors λ kann der Varianzschätzer $\hat{\sigma}'^2_n$ wie folgt ausgewiesen werden:[199]

(3.16) $\quad \hat{\sigma}'^2_n = \lambda \cdot \hat{\sigma}'^2_{n-1} + (1-\lambda) \cdot x^2_{n-1} \quad$ mit $\lambda \in [0,1]$

Der Schätzer ergibt sich aus dem gewichteten Schätzwert des Vortages und der tatsächlichen Änderung der Marktvariablen, die eine entsprechende Gegengewichtung erhält. Der Effekt der exponentiellen Datengewichtung

---

[195] Vgl. Romeike und Hager (2009), S. 463.
[196] Exponentially Weighted Moving Average.
[197] Vgl. Romeike und Hager (2009), S. 471.
[198] Vgl. Hull (2009), S. 586f.
[199] Vgl. Hull (2009), S. 588.

soll durch eine Rekursion der Formel (3.16) verdeutlicht werden. Als Gewichtungsfaktor wird ein Wert von $\lambda = 0{,}94$ gewählt.[200]

(3.17) $\quad \hat{\sigma}_n'^2 = 0{,}94 \cdot \hat{\sigma}_{n-1}'^2 + 0{,}06 \cdot x_{n-1}^2$

durch Einsetzen von

$[\hat{\sigma}_{n-1}'^2 = 0{,}94 \cdot \hat{\sigma}_{n-2}'^2 + 0{,}06 \cdot x_{n-2}^2$ und $\hat{\sigma}_{n-2}'^2 = 0{,}94 \cdot \hat{\sigma}_{n-3}'^2 + 0{,}06 \cdot x_{n-3}^2]$

folgt:

$\hat{\sigma}_n'^2 = 0{,}06 \cdot x_{n-1}^2 + 0{,}0564 \cdot x_{n-2}^2 + 0{,}053016 \cdot x_{n-3}^2 + 0{,}830584 \cdot \hat{\sigma}_{n-3}'^2$

Der größte Einfluss einer Marktvariablen geht vom zuletzt beobachteten Wert x_{n-1}^2 aus. In dem Beispiel liegt dieser bei $(1-\lambda) = 0{,}06$. Der nachfolgende Wert beträgt nur noch das λ-fache des vorhergehenden Gewichts (hier: 0,94*0,06=0,0564). Diesem Modellaufbau folgend, haben die jüngsten drei Werte des Beispiels ein Gewicht von $1-\lambda^3 = 0{,}169$.[201]

3.3.2.2.4 GARCH[202] (1,1)-Modell

Eine vollständige und ausführliche Darstellung aller GARCH-Varianten würde den Rahmen dieser Arbeit übersteigen. Dennoch kann bereits durch eine kurze Skizzierung der Grundidee des GARCH (1,1)-Modells aufgezeigt werden, wie die zukünftige Volatilität als nicht konstante Größe modelliert werden kann.[203]

Um die Eigenschaften der Volatilität vollends erfassen zu können, bedarf das EWMA-Modell einer Erweiterung. Dadurch soll das Phänomen der *Mean Reversion*, der Rückkehr zum Mittelwert, modelltheoretisch abgebildet werden. Das GARCH (1,1)-Modell setzt sich aus drei gewichteten Komponenten zu-

---

[200] Ein λ-Wert von 0,94 liefert für eine Vielzahl von Marktvariablen Schätzungen, die der realisierten Varianz recht nahe kommen. Hierzu vgl. Hull (2009), S. 589.
[201] So haben 74 Beobachtungswerte bereits ein Gesamtgewicht von 99 Prozent (1-λ^{74}=0,99). Je kleiner dabei λ gewählt wird, desto größer gestaltet sich der Einfluss der jüngsten Daten. Die auf diesem Wege ermittelten Schätzer werden daher selbst hochgradig volatil. Für λ=0,9 muss nur noch eine geringe Datenmenge vorgehalten werden, da das Gesamtgewicht von 99 Prozent bereits von 44 Werten getragen wird.
[202] Generalized Autoregressive Conditional Heteroscedasticity.
[203] Eine verständliche Einführung zu ARCH-, GARCH-, EGARCH- und TGARCH-Prozessen findet sich bei Schmid und Trede (2006) im sechsten Kapitel, S. 167-194.

sammen, wobei nun zusätzlich die langfristige durchschnittliche Varianz V_L berücksichtigt wird.[204]

(3.18) $\hat{\sigma}_n'^2 = \gamma \cdot V_L + \alpha \cdot x_{n-1}^2 + \beta \cdot \hat{\sigma}_{n-1}'^2$ mit $\gamma + \alpha + \beta = 1$

Für $\gamma = 0$, $\alpha = 1 - \lambda$, $\beta = \lambda$ resultiert erneut das EWMA-Modell, welches somit als Spezialfall im GARCH (1,1) enthalten ist. Der Zusatz „(1,1)" verdeutlicht, dass der Schätzer auf den jüngsten Werten von $\hat{\sigma}_{n-1}'^2$ und x_{n-1}^2 basiert.[205] Bevor das GARCH-Modell für Prognosen verwendet werden kann, ist dieses zu parametrisieren. Die Schätzung der Parameter erfolgt unter Zuhilfenahme der *Maximum-Likelihood-Methode*. Die Parameter werden dabei so bestimmt, dass sie die historischen Beobachtungen am besten beschreiben. Der Schätzvorgang kann dahingehend vereinfacht werden, dass die langfristige Varianz direkt aus der Stichprobe gem. Gl. (3.15) abgeleitet wird. Somit müssen nur noch die Parameter α und β bestimmt werden.[206]

$\hat{\sigma}_n'^2 = \gamma \cdot V_L + \alpha \cdot x_{n-1}^2 + \beta \cdot \hat{\sigma}_{n-1}'^2$				V_L	4,5693E-05		10,90%
				$\gamma = 1 - \alpha - \beta$	0,021496747		
				α	0,01977177		
				β	0,958731483	Summe	2331,82606
				$\alpha + \beta + \gamma = 1$	1		
Lfd. Nr.	Datum	Schlusskurs S_i	$x_i = \ln\left(\dfrac{S_i}{S_{i-1}}\right)$	x_i^2	$\hat{\sigma}_n'^2$	$-\ln(\hat{\sigma}_n'^2) - \dfrac{x_i^2}{\hat{\sigma}_n'^2}$	
1	11.09.2009	1,4567					
2	14.09.2009	1,4623	0,003836935	1,47221E-05			
3	15.09.2009	1,4659	0,00245885	6,04594E-06	1,47221E-05	10,71549078	
4	16.09.2009	1,471	0,003473053	1,20621E-05	1,52163E-05	10,3004342	
260	09.09.2010	1,2694	-0,002046117	4,18659E-06	4,95689E-05	9,827686883	
261	10.09.2010	1,2677	-0,001340113	1,7959E-06	4,85883E-05	9,895166372	

Abbildung 3.12: Parameterschätzung im GARCH (1,1)-Modell[207]

---

[204] Vgl. Hull (2009), S. 590.
[205] Vgl. ebenda.
[206] Die angesprochene Vereinfachung der Parametrisierung wird als *Variance Targeting* bezeichnet. Hierzu vgl. Romeike und Hager (2009), S. 476f. MS Excel bietet mit dem Add-In „Solver" die Möglichkeit, die Maximum Likelihood Methode anwenden zu können.
[207] Quelle: Eigene Darstellung. Das GARCH (1,1)-Modell wurde für die Daten des EUR/USD Wechselkurses parametrisiert. Die Kurse entstammen dem Internetportal MSN Money. Insgesamt wurden 261 Schlusskurse berücksichtigt. URL: http://de.moneycentral.msn.com/investor/charts/ HistoricData.aspx?Symbol=%2fEURUS, Stand: 11.09.2010.

Die langfristige, annualisierte Volatilität des Wechselkurses basiert auf dem einfachen Varianzschätzer der Gl. (3.15) und beträgt 10,9 Prozent. Das durch Iteration gewonnene Modell räumt dem jüngsten Schätzer ein Gewicht von 95,9 Prozent ein. Die langfristige Varianz und die tatsächlich realisierte Varianz werden mit jeweils ca. 2 Prozent berücksichtigt. Ebenso kann das Modell für die Schätzung des Parameters λ genutzt werden. Für den EWMA-Ansatz ergibt sich ein Wert in Höhe von 0,96.[208] Unter Zugrundelegung von Erwartungswerten kann das GARCH-Modell nun zur Prognose zukünftiger Volatilitäten genutzt werden.[209]

(3.19) $$E[\hat{\sigma}_{n+t}'^2] = V_L + (\alpha + \beta)^t \cdot (\hat{\sigma}_n'^2 - V_L)$$

Durch die Verwendung der Zeitvariablen im Exponenten, strebt die erwartete Varianz gegen die durchschnittliche Varianz V_L. Dabei kennzeichnet die Summe der Parameter α und β eine weitere Eigenschaft der Volatilität. Sie ist als Persistenz zu interpretieren und charakterisiert das Verhalten, auf einem gegenwärtigen Niveau zu verharren. Je kleiner hierbei die Summe ist, desto schneller kehrt die Volatilität zum Durchschnittswert zurück. Für das EWMA-Modell weist die Summe den Wert Eins auf. Die erwartete Varianz entspricht somit der gegenwärtigen Varianz.

Insgesamt betrachtet eignet sich das Modell gut, um die besonderen Eigenschaften der Volatilität zu erfassen. Die Anwendung des GARCH (1,1) bedingt wiederum den Rückgriff auf historische Daten. Ferner wird der Anwender mit der Herausforderung einer stochastischen Volatilität konfrontiert, die mit dem geschlossenen Black-Scholes-Modell nicht vereinbar ist.

Auf notwendige Erweiterungen des Modells wurde zu Beginn des Abschnitts hingewiesen. Beispielsweise kann das Verhalten der Volatilität auf Schocks nicht realitätsgerecht abgebildet werden. Die Quadratur der Renditen schreibt Schocks gleicher Intensität einen identischen Einfluss auf die Volatilität zu, wobei diese stärker auf negative Einflüsse reagiert, was insbesondere bei Aktien auf den Leverage-Effekt zurückzuführen ist.[210]

---

[208] Durch die oben angegebene Parameterwahl für α, β und γ wird die Summe des Wahrscheinlichkeitsmaßes (äußere Spalte) mit einem Wert von 2331,826 maximiert.
[209] Vgl. Hull (2009), S. 598.
[210] Vgl. Jacobi (2005), S. 4 und S. 9f. sowie Schmid und Trede (2006), S. 182-186.

4. Implikationen für das strategische Management

4.1 Limitationen der Realoptionstheorie

Bevor über den Bewertungsprozess in 4.2 die Verbindung zur strategischen Ebene hergestellt wird, müssen zunächst die Grenzen des Realoptionsansatzes klar benannt werden. In den bisherigen Ausführungen dieser Arbeit wurden zahlreiche Bedingungen formuliert, die eine methodisch korrekte Nutzung des ROA ermöglichten. Zunächst musste die Investition die Merkmale der Irreversibilität, Unsicherheit und Flexibilität aufweisen. Desweiteren wurde die Existenz eines vollständigen, vollkommenen und arbitragefreien Kapitalmarktes gefordert, der einen Handel des Basiswerts gewährleistete. Die Eigenschaft der Vollständigkeit des Marktes führte zu der Möglichkeit, jeden beliebigen Zahlungsstrom am Markt duplizieren zu können. Die Kosten der Duplikation ergaben den gesuchten Optionswert. Der ermittelte Wert diente dann als Grundlage, um über die Realisation des Investitionsprojekts entscheiden zu können. Eine Investition lieferte genau dann einen Wertbeitrag, wenn die Höhe der Investitionsauszahlung unterhalb der Duplikationskosten lag.

Das Aufzeigen der inhärenten Limitationen soll nun zweigeteilt erfolgen. Der erste Teil der kritischen Auseinandersetzung mit dem ROA baut auf den oben genannten Bedingungen, insbesondere dem Aspekt der Duplikation, auf. Der zweite Teil der vorgebrachten Kritik orientiert sich an den Annahmen der Bewertungsmodelle und den Eigenschaften der Optionsparameter.

Unter der Prämisse einer analogen Anwendbarkeit der Finanzoptionstheorie auf reale Investitionen, würde der Realoptionsansatz zu schnellen und marktwertorientierten Lösungen führen. Der Marktpreis des Basiswerts wäre unmittelbar zugänglich. Ebenso könnte die Volatilität entweder über ein GARCH-Modell oder durch die Nutzung der impliziten Volatilitäten ermittelt werden. Je weiter nun von diesen idealtypischen Bedingungen abgerückt werden muss, desto mehr muss die Güte der Marktwertorientierung angezweifelt werden.

Die Konstruktion eines Portfolios, welches den Zahlungsstrom einer Option dupliziert, setzt voraus, dass der Basiswert an einem Markt gehandelt wird. Dies wird in der Realität nur selten der Fall sein, so dass ein Wertpapier zu wählen ist, welches mit den Cash Flows des Investitionsprojekts perfekt korreliert ist. Der Begriff des Wertpapiers ist an dieser Stelle in einem weiteren Sinne zu interpretieren. Letztlich ist ein marktlich gehandelter Vermögensgegenstand zu identifizieren, dessen stochastische Wertänderung mit derer des Projekts übereinstimmt.[211] Beispiele finden sich vor allem in rohstoffnahen Industrien, deren Projekte die Erschließung von Ölfeldern oder Minen zum Gegenstand haben. Diese Vorgehensweise erweist sich als methodisch korrekt, wenn alle Risiken über den Marktpreis abgedeckt werden. Andernfalls ist die Annahme der Vollständigkeit des Marktes zu relativieren. Zum Beispiel stellt das Risiko, bei der Erschließung eines Ölfelds erfolglos zu sein, ein *privates Risiko* dar, welches nicht über den Ölpreis abzusichern ist.[212] Eine weitere Restriktion erfährt der ROA, wenn kein perfekt korrelierter Vermögensgegenstand („spanning asset") identifiziert werden kann. Die Bandbreite der sich nun bietenden Möglichkeiten reicht von der Empfehlung der Relaxierung der Annahme der perfekten Korrelation bis hin zum *MAD*-Ansatz.[213] Der *Market Asset Disclaimer* Ansatz geht auf COPELAND u. a. zurück und basiert auf dem Vorschlag, den statischen Kapitalwert als marktgehandelt zu betrachten. Problematisch ist, dass der Barwert des Underlyings über eine risikoadjustierte Diskontierung der erwarteten Zahlungen zu gewinnen ist und letztlich wieder ein DCF-Verfahren herangezogen werden muss.[214] Der Wert der Flexibilität wird dann analog zu einer Finanzoption unter Verwendung von Schätzwerten für die benötigten Parameter ermittelt. Beispielsweise gelangen an dieser Stelle die verschiedenen Verfahren zur Bestimmung eines Volatilitätsparameters zum Einsatz.

Dies wirft die Frage auf, in welcher Beziehung die Optionstheorie und das DCF-Verfahren (ggf. in Form eines Entscheidungsbaums) zueinander stehen. In der Literatur wird der ROA häufig als überlegenes Verfahren präsentiert. Die vermeintliche Überlegenheit beruht dabei zumeist auf einem Vergleich, der das DCF-Verfahren und die Entscheidungsbaumanalyse stark vereinfacht darstellt. Während das Duplikationsportfolio eine fortlaufende Anpassung der Risikoposition erfährt, wird den beiden klassischen Verfahren eine konstante Risikostruktur unterstellt.[215]

Die bisher kommunizierte Überlegenheit bedarf folglich einer Korrektur. Zunächst werden die Verfahren unter idealisierten Kapitalmarktbedingungen auf einem vollkommenen und vollständigen Markt betrachtet. Wird das DCF-Verfahren dahingehend angepasst, dass es mit variablen Diskontierungsfaktoren operiert, kann eine Ergebnisidentität der Bewertungsmethoden erreicht werden, die letztlich ihre Begründung in der bereits aufgezeig-

---

[211] Vgl. Batran (2008), S. 232.
[212] Vgl. Mattar und Cheah (2006), S. 849, zitiert nach Batran (2008), S. 235.
[213] Vgl. Batran (2008), S. 232f.
[214] Vgl. Copeland u. a. (2008), S. 399-401.
[215] Vgl. Friedl (2003), S. 383.

ten *State-Preference-Theory* findet.[216] Dieser Modellansatz liefert für jede zustands- und zeitabhängige Zahlung einen eindeutigen Preis, der eine präferenzfreie Bewertung ermöglicht.[217] Der Realoptionsansatz nutzt diese Zustandspreise und vollzieht deren Transformation in risikoneutrale Wahrscheinlichkeiten. Ebenso findet das Risiko im Rahmen des CAPM-Ansatzes über die Kovarianzbeziehungen zum Marktportfolio Eingang in die Bewertung.[218] Ein Abweichen von den idealisierten Rahmenbedingungen konfrontiert den ROA mit denselben Problemen, die für alle marktwertbezogenen Verfahren zutreffen.[219] Das Problem der Bestimmung risikoadjustierter Diskontierungssätze wird letztlich nur verlagert. Zur Ermittlung des Basiswerts muss schließlich das CAPM zur Anwendung gelangen, welches die Beurteilung des Risikos anhand von Vergleichsunternehmen vollzieht. KROLLE und OßWALD sprechen in diesem Zusammenhang von einer gewissen Willkür, die entweder über die Bestimmung des Basiswerts oder durch die Parameterschätzung ihren Eingang in den Bewertungsprozess findet.[220]

Das Dilemma bringt BALLWIESER mit seinem Artikel über die Verbindung zwischen Optionstheorie, DCF-Verfahren und Entscheidungsbaumanalyse auf den Punkt. Da alle Verfahren dieselben Anforderungen an den Markt stellen, kann es kein überlegenes Verfahren geben.[221] Der ROA löst vielmehr ein falsches Problem richtig, indem *"...nicht ein Bewertungsproblem bei fehlenden Marktpreisen gelöst [wird], sondern durch die Vorgabe von Marktpreisen das primäre Bewertungsproblem wegdefiniert wird."*[222]

Eine Überlegenheit des ROA gegenüber den mit variablen Diskontierungsfaktoren operierenden DCF-Verfahren kann daher nicht bestätigt werden. Zumindest können dem ROA anwendungsorientierte Vorteile zugeschrieben werden, die auf die kompakte und schnelle Berechnung zurückzuführen sind.[223]

---

[216] Vgl. Friedl (2003), S. 384; Ballwieser (2002), S. 188f. und Fischer u. a. (1999), S. 1208. Die Vollständigkeit eines arbitragefreien Marktes führt zu einer eindeutigen Preisbestimmung der zustandsbedingten Zahlungsansprüche.
[217] Ein Beispiel geben Copeland u. a. (2008), S. 134-137.
[218] Vgl. Fischer u. a. (1999), S. 1224f. Die Autoren geben in ihrem Beitrag ein anschauliches Beispiel zur Ergebnisidentität des DCF-Verfahrens, des Realoptionsansatzes und der State-Preference-Theory. Die Zustandspreise werden dabei über das Marktportfolio und einer risikolosen Anlage berechnet.
[219] Vgl. Ballwieser (2002), S. 188.
[220] Vgl. Krolle und Oßwald (2003), S. 181f.
[221] Vgl. Ballwieser (2002), S. 188.
[222] Ballwieser (2002), S. 196f.
[223] Vgl. Ballwieser (2002), S. 197.

Wird zusätzlich die Annahme eines vollständigen Marktes aufgehoben, hat dies für den ROA zur Konsequenz, dass eine Replikation durch gehandelte Wertpapiere nicht mehr möglich ist. Es können nur noch Bandbreiten für den Wert einer Option angegeben werden. Die Investitionsentscheidung wird in diesem Fall nicht mehr eindeutig vom Markt vorgegeben.[224]

Neben der dargestellten Problematik der Duplikation, sind weitere Limitationen zu nennen, die Einfluss auf den Bewertungsprozess nehmen. Im Gegensatz zu Finanzoptionen weisen reale Investitionen nur selten eine vertragliche Fixierung auf, infolgedessen wesentliche Parameter nicht festgelegt sind. Das Fehlen eines Stillhalters, welcher den aus der Kontrakterfüllung resultierenden Pflichten nachkommt, führt zu weiteren Unschärfen. Generell wird der Bewerter mit der Fragestellung konfrontiert, ob die zu schätzenden Parameter als konstante oder stochastische Größen abgebildet werden. Insbesondere wird hierbei der Ausübungspreis einer Realoption ebenfalls stochastischen Einflüssen unterliegen, so dass zusätzliche Anforderungen an das Bewertungsverfahren gestellt werden müssen.

Einen weiteren Unterschied zu einer Finanzoption stellt die Exklusivität (Eigentumsrecht) der Option dar. Das Recht beispielsweise einen neuen Markt erschließen zu können, steht mehreren Unternehmen offen, so dass zusätzlich Wettbewerbseffekte in das Bewertungskalkül aufgenommen werden sollten.[225] So schreibt HAHNENSTEIN einer mit der Konkurrenz geteilten Option tendenziell einen geringeren Wert zu als einer exklusiven.[226]

Im Gegensatz zur Finanz- muss die Realoptionstheorie den Transaktionskosten einen zusätzlichen Stellenwert einräumen. Diese Kosten entstehen durch den betrieblichen Einsatz von Ressourcen zur Informationsbeschaffung, deren Aufbereitung und Analyse.[227] Ferner darf der Wert mehrerer Optionen keinem einfachen Summenzug entsprechen. Vielmehr müssen Inter-

---

[224] Vgl. Dangl und Kopel (2003), S. 56-61. Für die Berechnung von Wertober- und Wertuntergrenzen schlagen die Autoren die Verwendung von Finanzmarktportfolios vor, die den Projektzahlungsstrom streng dominieren bzw. von diesem streng dominiert werden. Die Autoren geben allerdings keine Hinweise, wie dies in der Realität umzusetzen ist. Praktikablere Ansätze finden sich bei HILPISCH. Eine Möglichkeit bildet hierbei die *Superreplikation*. Da eine Replikation der Option nicht möglich ist, wird ein Zahlungsstrom erzeugt, der mindestens die Zahlungen der Option nachbildet. Der Optionspreis wird anschließend jenem Portfolio entnommen, welches die minimalen Kosten für die *Superreplikation* verursacht. Hierzu vgl. Hilpisch (2006), S. 272-278.
[225] Vgl. Hungenberg u. a. (2005), S. 12 und Müller (2005), S. 184. Eine durch ein Patent geschützte Realoption ist als exklusiv zu bezeichnen. Hierzu vgl. Freihube (2001), S. 140.
[226] Vgl. Hahnenstein u. a. (2002), S. 732.
[227] Vgl. Lewis u. a. (2008), S. 251.

aktionseffekte zwischen den Optionen berücksichtigt werden, die der Eigenschaft der Nichtadditivität geschuldet sind.[228] Gelangen die in der Finanztheorie etablierten Verfahren zur Optionsbewertung, wie das BS-Modell, zur Anwendung, so werden die immanenten Schwächen der Verfahren (s. konstante Volatilität/Zinsgröße, Normalverteilungsannahme, etc.) für reale Investitionen übernommen.

Der Analogieschluss zwischen Finanz- und Realoptionen kann nur unter sehr restriktiven Bedingungen erfolgen. Gerade dieser Umstand eröffnet dem Management die Möglichkeit, aktiv auf die Parameter einer Option einwirken zu können. Der Nutzen des ROA für die strategische Ebene wird im Folgenden dargestellt.

4.2 Bewertungsprozess für Realoptionen

Das Bewertungsergebnis einer optionstheoretischen Betrachtung muss sich an der Güte seiner Marktwertorientierung messen lassen. Der Grad dieser Ausprägung wird dabei maßgeblich durch die situativen Bewertungsbedingungen beeinflusst, die im besten Fall einen Marktpreis für den Basiswert bereithalten. Unter idealen Bedingungen existiert kein überlegenes Bewertungsverfahren, so die Erkenntnis des vorangegangenen Abschnitts. Ein Abweichen von diesen Bedingungen konfrontiert den Realoptionsansatz letztlich mit den gleichen Herausforderungen, die auf alle marktwertorientierten Verfahren zutreffen. Auch der ROA muss dann mit Schätzungen und Prognosen arbeiten, um die Optionsparameter bestimmen zu können. Allerdings bietet der ROA eine andere Sichtweise auf die Bewertung, die insbesondere in der Offenlegung der wertbestimmenden Einflussgrößen zu Tage tritt.[229] An diesem Sachverhalt knüpfen die weiteren Überlegungen zum Nutzen des ROA für die strategische Ebene an. Fand die bisherige Betrachtung auf einer eher operativ geprägten Ebene statt, welche die isolierte Wertbestimmung von Handlungsspielräumen fokussierte, soll nachfolgend das Management mehrerer Realoptionen im Vordergrund stehen.

Die Anwendung des ROA kann in einem Prozessmodell dargestellt werden. Die vorangegangenen Ausführungen orientierten sich an den Prozesselementen der Identifikation und Bewertung von Realoptionen. Diese Sicht gilt es nun zu erweitern, indem von dem reinen quantitativen Einsatz der Optionstheorie abstrahiert wird.

---

[228] Vgl. Hommel und Müller (1999), S. 179f.
[229] Vgl. Perridon u. a. (2009), S. 137.

1. Identifikation	2. Bewertung	3. Management
• Identifikation mittels Handlungsmuster *Wachsen, Warten* und *Schrumpfen* • Ggf. Priorisierung durchführen	• Auswahl des Bewertungsmodells • Bestimmung der Optionsparameter • Durchführung der Bewertung • Berücksichtigung von Limitationen (s. Interaktionseffekte)	• Proaktive Beeinflussung der Optionsparameter • Portfoliomanagement • „Options Thinking"

Abbildung 4.1: Prozessmodell der Realoptionstheorie[230]

Die augenscheinlichste Möglichkeit der Einflussnahme bildet die *proaktive* Veränderung der Werttreiber einer Option. Dies kennzeichnet einen klaren Vorteil gegenüber Finanzoptionen, die lediglich in einem *reaktiven* Sinne, als Antwort auf den Eintritt eines Umweltzustandes, ausgeübt werden können.[231] Mit der Möglichkeit der Einflussnahme besteht allerdings die Gefahr, dass Wettbewerbseffekte zu nachteiligen Veränderungen der Optionsparameter führen. Dies wurde unter dem Begriff der Exklusivität einer Option thematisiert. Nichtsdestoweniger steht es der Unternehmensleitung offen, Maßnahmen zu initiieren, die den Wert einer Option positiv beeinflussen. Unter Berücksichtigung der einzelnen Wirkungsrichtungen der Parameter (vgl. Tab. 3.1), ließe sich beispielsweise die Laufzeit einer Option verlängern. Dieses Ziel könnte durch eine frühzeitige Patentierung wettbewerbskritischer Technologien oder der Wahrung des technologischen Vorsprungs durch weitere Investitionen erreicht werden.[232] Ebenso könnte durch eine Erhöhung der Projektvolatilität eine Wertsteigerung erzielt werden, die auf die asymmetrische Auszahlungsstruktur einer Option zurückzuführen ist. Jeder Optionsparameter, mit Ausnahme des risikolosen Zinssatzes, bedarf einer Überprüfung, ob dieser Optimierungspotenzial vorhält. Dazu sollte zunächst mittels einer Sensitivitätsanalyse überprüft werden, von welchen Parametern der größte wertverändernde Einfluss ausgeht. Unter Beachtung des Aufwand-Nutzen Verhältnisses sollte diesen Parametern die größte Aufmerksamkeit zuteil werden. In einem nächsten Schritt sind konkrete

---

[230] Quelle: Eigene Darstellung in Anlehnung an Hungenberg u. a. (2005), S. 17 sowie Pritsch und Weber (2003), S. 155-158.
[231] Vgl. Pritsch und Weber (2003), S. 157.
[232] Vgl. Hommel und Müller (1999), S. 179.

Handlungen zu definieren, die eine gewünschte Parameteränderung bewirken. Stellt sich beispielsweise heraus, dass der Parameter „Laufzeit" die größte Sensitivität gegenüber dem Realoptionswert aufweist, sollte über Maßnahmen zur Errichtung von Barrieren nachgedacht werden, um die Konkurrenz abschirmen zu können. Neben den bereits angesprochenen technologischen Barrieren, können ebenso rechtliche Barrieren (Lobbyismus, Lizenzen, etc.) oder wirtschaftliche Barrieren (Sicherung von Distributionskanälen, etc.) geschaffen werden.[233]

Ein wichtiger Aspekt ist an dieser Stelle hervorzuheben. Bereits bei der Erstellung eines Maßnahmenkatalogs sind Interdependenzen zwischen den Werttreibern zu berücksichtigen. So können bestimmte Maßnahmen auf der einen Seite eine wertsteigernde Wirkung entfalten, auf der anderen Seite allerdings zu einer nachteiligen Veränderung eines anderen Parameters führen. Diese Problematik leitet zu dem zweiten Themenfeld über, welches der Betrachtung mehrerer Optionen, im Sinne eines Portfoliomanagements, dient. Insbesondere sind auf dieser Ebene Wechselwirkungen zwischen den Optionen zu beachten. Hierbei kann es sich einerseits um Verbundoptionen, also um Optionen auf Optionen, handeln. Entscheidet sich das Unternehmen, eine Verbundoption aufzugeben, müssen gleichzeitig alle inkludierten Optionen aus dem Gesamtportfolio gestrichen werden.[234] Eindeutiger gestaltet sich die Situation, wenn zu einem Basiswert/Projekt mehrere Optionen gehören. Wird beispielsweise von dem Recht Gebrauch gemacht, ein Projekt vorzeitig abzubrechen, so führt dies unweigerlich zu einer Vernichtung aller Wachstumsoptionen.[235]

Ein weiterer Aspekt der Portfoliobetrachtung konzentriert sich auf den optimalen Ausübungszeitpunkt einer Option. BARNETT spricht in diesem Zusammenhang von einem *strategischen Zeitfenster*, innerhalb dessen eine Option auszuüben ist. Verzögert sich die Ausübung, so führt dies zu weiteren Kosten, die für den Erhalt der Option sowie für die Suche nach Ausübungssignalen anfallen.[236] Eine praktische Hilfestellung für ein wertorientiertes Management realer Optionen bieten HUNGENBERG u. a. in Form eines Entwicklungsrahmens.

---

[233] Vgl. Hungenberg u. a. (2005), S. 38f. HILPISCH bezeichnet die Beeinflussung der Optionsparameter als *aktives Management*. Der Autor führt ferner zahlreiche praktische Beispiele für wertsteigernde Maßnahmen an. Hierzu vgl. Hilpisch (2006), S. 199-210.
[234] Vgl. Hungenberg u. a. (2005), S. 43.
[235] Vgl. Barnett (2005), S. 64.
[236] Vgl. Barnett (2005), S. 67.

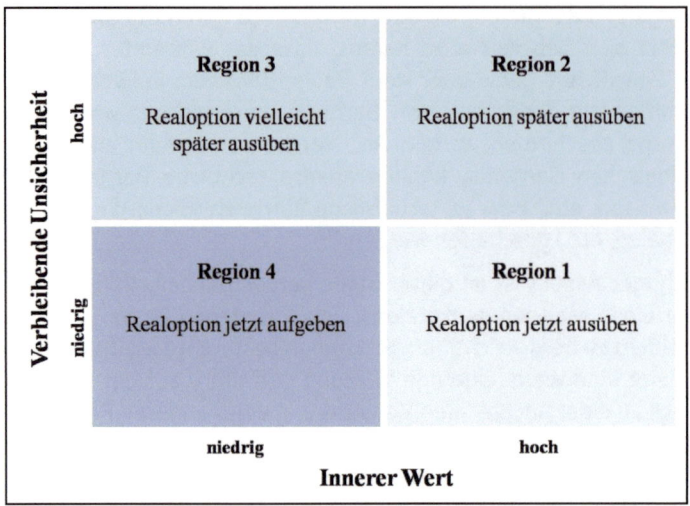

Abbildung 4.2: Optimale Ausübung realer Optionen[237]

Mittels dieses Portfolios lassen sich nun Handlungsempfehlungen ableiten. Optionen der Region 2 sollten zum Beispiel weiterhin beobachtet und nicht verfrüht ausgeübt werden. Die Dimensionen des Portfolios können dabei an die Bedürfnisse der Unternehmensführung angepasst werden. So findet sich bei HILPISCH ein ähnliches Modell, welches auf den Dimensionen der *Unsicherheit* und *Bedeutung* aufbaut. Die Handlungsempfehlungen reichen hier von einer nur gelegentlichen Kontrolle bis hin zu einer aktiven Gestaltung jener Optionen, die eine hohe Unsicherheit und Bedeutung aufweisen.[238]

Ein Element des Managements von Realoptionen wird in dem Prozessmodell dieses Abschnitts mit dem Begriff des „Options Thinking" bezeichnet. Dahinter steht die Grundidee, dass der ROA eine Art Denkphilosophie verkörpert. Demnach ist es lohnenswert, aktiv Handlungsspielräume zu erschließen. Welche Bedeutung das Denken in Optionen aufweist, kann mit folgendem Statement eines ehemaligen CFOs des Pharmaunternehmens Merck auf den Punkt gebracht werden. *„When you make an initial investment in a research project, you are paying an entry fee for a right, but you are not obligated to continue that research at a later stage."*[239]

Welchen Nutzen stiftet nun die Realoptionstheorie für die wertorientierte Unternehmensführung? Als Bewertungsinstrument liegt die Stärke des ROA im bewussten Umgang mit der Flexibilität und der Offenlegung der Wert-

---

[237] Quelle: Eigene Darstellung in Anlehnung an Hungenberg u. a. (2005), S. 42.
[238] Vgl. Hilpisch (2006), S. 190.
[239] Nichols (1994), o.S. zitiert nach Grant und Nippa (2006), S. 78.

treiber einer Option begründet. Eine Überlegenheit gegenüber anderen Verfahren musste verneint werden. Vielmehr sieht sich der Ansatz zahlreichen Limitationen ausgesetzt, die zu einer einschränkenden Ergebnisgüte führen. Die Anforderungen, die an den Anwender dieses Ansatzes gestellt werden, können als hoch eingestuft werden. Die Komplexität des Ansatzes bildete unter anderem einen Grund für die mangelnde Verbreitung und Akzeptanz in der Praxis. Dem Ansatz gereicht es allerdings zum Vorteil, dass er eine schnelle Bewertung zulässt, wenn die Voraussetzungen für eine marktwertorientierte Bewertung erfüllt werden. Diese Situationen dürften vornehmlich in rohstoffnahen Industrien zu finden sein.

5. Schlussbetrachtung

Zwei zentrale Größen der Realoptionstheorie stellen die *Flexibilität* und *Unsicherheit* dar, die mit einer Investition einhergehen können. Für diese Bewertungssituationen kann eine Wertermittlung unter optionstheoretischen Gesichtspunkten erfolgen.[240] Im Rahmen dieser Arbeit konnte aufgezeigt werden, dass Handlungsspielräume einen spezifischen Wert aufweisen. Deren Gesamtwert kann jedoch aufgrund der erläuterten Nicht-Additivität keineswegs über einen Summenzug ermittelt werden. Ferner wurde verdeutlicht, dass die inhärente Unsicherheit eines Investitionsprojekts als Werttreiber zu betrachten ist. Einschränkend kommt hinzu, dass es sich hierbei nicht um private Risiken handeln darf, da diese nicht über einen Markt abgebildet werden.

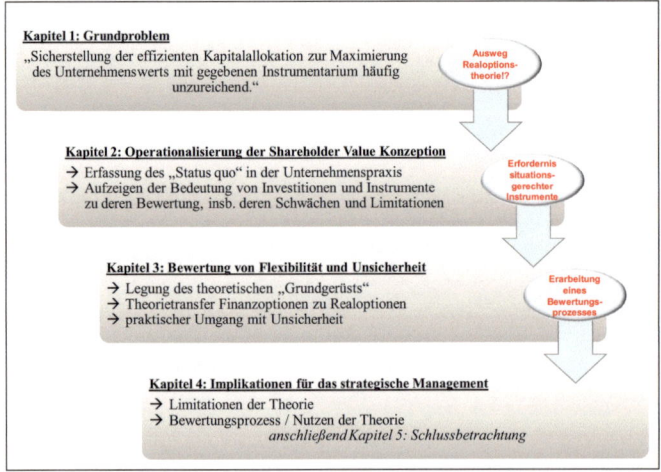

Abbildung 5.1: Vorgehensweise innerhalb der Arbeit[241]

Die Analyse der Realoptionstheorie erforderte zunächst eine Betrachtung der normativen Unternehmensebene, welche durch die Vorgabe von Zielen den Rahmen der Theorie definierte. Sämtliche in dieser Arbeit gewonnenen Erkenntnisse sind dabei unter dem Aspekt der Wertmaximierung zu betrachten. Unternehmen müssen in der Lage sein, entscheiden zu können, ob durch die Erschließung von Handlungsspielräumen Wert geschaffen wird. Stehen mehrere Investitionen zur Auswahl, so ist das Kapital jener Investition zuzuführen, deren Wertbeitrag maximal ist. Als nächstes wurde eine

---

[240] Zusätzlich muss das Kriterium der Irreversibilität erfüllt sein.
[241] Quelle: Eigene Darstellung.

operative Sicht eingenommen, welche die Realoptionstheorie als Bewertungsinstrument zum Gegenstand hatte. Im Sinne Moxters lautete hier der Grundsatz: „Bewerten heißt replizieren." Ist diese notwendige Replikation nicht möglich, so muss der Realoptionsansatz den gleichen Nachteilen begegnen, die auf alle marktwertorientierten Verfahren zutreffen. Eine umfassende Auseinandersetzung mit den Limitationen der Theorie bildete die Grundlage, um abschließend den Nutzen dieses Ansatzes für die strategische Ebene beurteilen zu können. Damit wurde einem Anliegen dieser Arbeit entsprochen.

Eine weitere Forschungsfrage orientierte sich am Parameter der Unsicherheit. Mittels einer Analyse der wissenschaftlichen Literatur zu dieser Thematik konnte die Bandbreite an Methoden erfasst werden, welche in einem nächsten Schritt zu systematisieren und zu vervollständigen waren. In der Praxis dominieren tendenziell pragmatische Verfahren wie Scoring-Modelle, Expertenschätzungen oder Szenariotechniken. Mit Modellen der GARCH-Familie stehen belastbare Verfahren zur Volatilitätsbestimmung und Prognose zur Verfügung.

Die in zahlreichen Publikationen kommunizierte Überlegenheit des Realoptionsansatzes gegenüber den DCF-Verfahren konnte nicht bestätigt werden. Allerdings wird ein anderer Zugang zur Bewertung gewählt, der mit neuen Sichtweisen einhergeht. Abschließend muss resümiert werden, dass der Realoptionsansatz hohe methodische Anforderungen an den Nutzer stellt, die einer verbreiteten Nutzung in der Praxis bisher entgegenstehen.

Aufgrund der eingeschränkten Analogie zwischen Finanz- und Realoptionen, müssten weitere Modellverbesserungen vorgenommen werden, die beispielsweise Wettbewerbs- und Interaktionseffekte sowie weitere stochastische Elemente in der Bewertung zulassen.

Die Auseinandersetzung mit der Zukunft stellt eine grundsätzliche Herausforderung dar. Wäre die Zukunft eindeutig antizipierbar, müsste fortan jedes Unternehmen Überrenditen erzielen. Hierzu heißt es bekanntlich: „Prognosen sind schwierig, vor allem, wenn sie die Zukunft betreffen."

Anhang

Anhang 1: Investitionsziele[242]

	Als Hauptziel ihrer Investitionen nannten ... Prozent der Unternehmen		
	Kapazitätserweiterung	Rationalisierung	Ersatzbeschaffung
1985	34	44	22
1990	50	28	22
1995	37	36	27
1999	50	25	25
2000	57	19	24
2001	53	22	25
2002	53	22	25
2003	52	20	28
2004	58	18	24
2005	54	15	31
2006	56	15	29
2007	67	11	22
2008	68	11	21

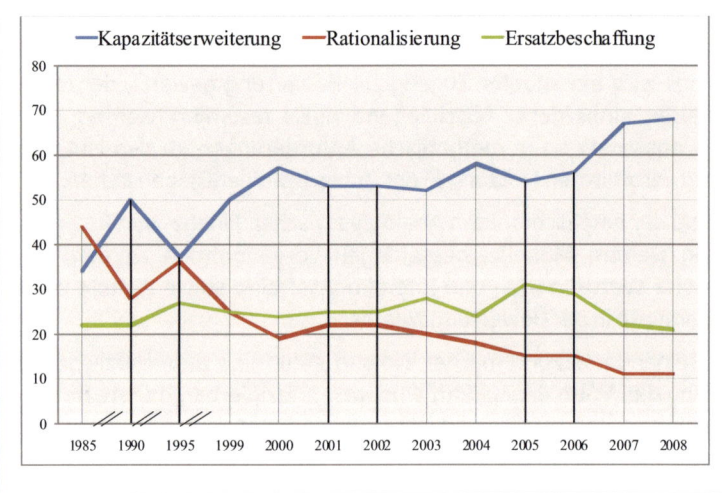

---

[242] Quelle: Institut der deutschen Wirtschaft Köln (Hrsg., 2009), S. 28.

Anhang 2: Bruttoanlageinvestitionen und Investitionsquoten Deutschlands[243]

Volkswirtschaftliche Gesamtrechnungen	Angaben in Mrd. EUR			
	2006	2007	2008	2009
Bruttoinvestitionen	410,12	445,54	478,63	409,46
Bruttoanlageinvestitionen	422,80	455,53	474,71	430,64
Ausrüstungen	178,35	196,53	201,79	158,16
Maschinen und Geräte	121,77	134,89	141,33	...
Fahrzeuge	56,58	61,64	60,46	...
Bauten	217,85	231,50	244,99	245,16
Wohnbauten	126,61	132,75	137,29	137,60
Nichtwohnbauten	91,24	98,75	107,70	107,56
Hochbau	56,80	62,89	70,05	70,14
Tiefbau	34,44	35,86	37,65	37,42
Sonstige Anlagen	26,60	27,50	27,93	27,32
Vorratsveränderungen und Nettozugang an Wertsachen	-12,68	-9,99	3,92	-21,18
Bruttoinlandsprodukt	2.325,10	2.428,20	2.495,80	2.407,20
Investitionsquote	18,2%	18,8%	19,0%	17,9%

---

[243] Quelle: Eigene Darstellung. Daten entnommen aus: Statistisches Bundesamt (2010), S. 77*.

Anhang 3: Dynamische Replikation[244]

Das Beispiel dient der Verdeutlichung der Selbstfinanzierungseigenschaft eines Portfolios und letztlich der Preisbestimmung einer Option. Im Mittelpunkt der Betrachtung stehen daher die Transaktionen, die zur Bildung eines dynamischen Replikationsportfolios zu tätigen sind. Die Handelbarkeit des Projekts wird dabei vorausgesetzt.

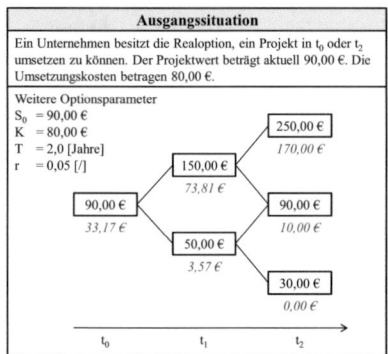

Unterhalb der möglichen Preispfade des Projekts ist der Wert der Option ausgewiesen. Im Zeitpunkt t_2 entspricht der Wert der Option ihrem inneren Wert (z. B. 250,00 € - 80,00 € = 170,00 €). Insgesamt müssen drei GLS gelöst werden, um die benötigten Projektanteile und den Finanzierungsbedarf, jeweils in Abhängigkeit des Marktzustandes, ermitteln zu können. Für den Marktzustand S_1^u = 150,00 € wird die Vorgehensweise zur Bestimmung der benötigten Parameter kurz skizziert. Anschließend wird eine vollständige Übersicht zu den Transaktionen gegeben.

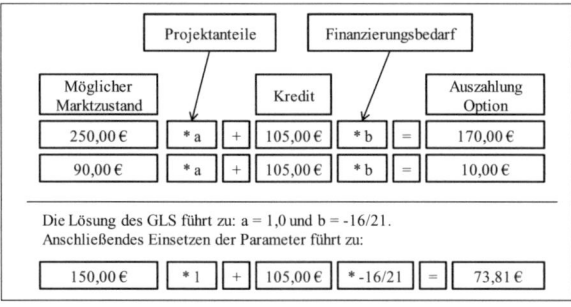

---

[244] Das Beispiel baut auf den Ausführungen in Abschnitt 3.2.4.1 auf.

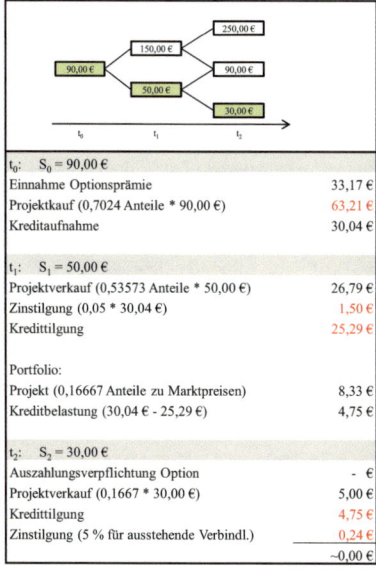

t_0: $S_0 = 90{,}00\ €$	
Einnahme Optionsprämie	33,17 €
Projektkauf (0,7024 Anteile * 90,00 €)	63,21 €
Kreditaufnahme	30,04 €
t_1: $S_1 = 150{,}00\ €$	
Projektzukauf (0,2976 Anteile * 150,00 €)	44,64 €
Zinsbelastung (0,05 * 30,04 €)	1,50 €
Kreditaufstockung	46,14 €
Portfolio:	
Projekt (1 Anteil zu Durchschnittskosten)	107,85 €
Kreditbelastung (30,04 € + 44,64 € + 1,50 €)	76,18 €
t_2: $S_2 = 250{,}00\ €$	
Auszahlungsverpflichtung Option	170,00 €
Projektverkauf	250,00 €
Credittilgung	76,18 €
Zinstilgung (5 % für ausstehende Verbindl.)	3,81 €
	~0,00 €

t_0: $S_0 = 90{,}00\ €$	
Einnahme Optionsprämie	33,17 €
Projektkauf (0,7024 Anteile * 90,00 €)	63,21 €
Kreditaufnahme	30,04 €
t_1: $S_1 = 150{,}00\ €$	
Projektzukauf (0,2976 Anteile * 150,00 €)	44,64 €
Zinsbelastung (0,05 * 30,04 €)	1,50 €
Kreditaufstockung	46,14 €
Portfolio:	
Projekt (1 Anteil zu Durchschnittskosten)	107,85 €
Kreditbelastung (30,04 € + 44,64 € + 1,50 €)	76,18 €
t_2: $S_2 = 90{,}00\ €$	
Auszahlungsverpflichtung Option	10,00 €
Projektverkauf	90,00 €
Credittilgung	76,18 €
Zinstilgung (5 % für ausstehende Verbindl.)	3,81 €
	~0,00 €

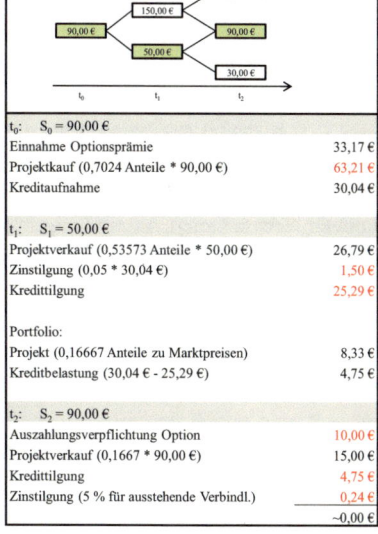

t_0: $S_0 = 90{,}00\ €$	
Einnahme Optionsprämie	33,17 €
Projektkauf (0,7024 Anteile * 90,00 €)	63,21 €
Kreditaufnahme	30,04 €
t_1: $S_1 = 50{,}00\ €$	
Projektverkauf (0,53573 Anteile * 50,00 €)	26,79 €
Zinstilgung (0,05 * 30,04 €)	1,50 €
Kredittilgung	25,29 €
Portfolio:	
Projekt (0,16667 Anteile zu Marktpreisen)	8,33 €
Kreditbelastung (30,04 € - 25,29 €)	4,75 €
t_2: $S_2 = 30{,}00\ €$	
Auszahlungsverpflichtung Option	- €
Projektverkauf (0,1667 * 30,00 €)	5,00 €
Kredittilgung	4,75 €
Zinstilgung (5 % für ausstehende Verbindl.)	0,24 €
	~0,00 €

t_0: $S_0 = 90{,}00\ €$	
Einnahme Optionsprämie	33,17 €
Projektkauf (0,7024 Anteile * 90,00 €)	63,21 €
Kreditaufnahme	30,04 €
t_1: $S_1 = 50{,}00\ €$	
Projektverkauf (0,53573 Anteile * 50,00 €)	26,79 €
Zinstilgung (0,05 * 30,04 €)	1,50 €
Kredittilgung	25,29 €
Portfolio:	
Projekt (0,16667 Anteile zu Marktpreisen)	8,33 €
Kreditbelastung (30,04 € - 25,29 €)	4,75 €
t_2: $S_2 = 90{,}00\ €$	
Auszahlungsverpflichtung Option	10,00 €
Projektverkauf (0,1667 * 90,00 €)	15,00 €
Kredittilgung	4,75 €
Zinstilgung (5 % für ausstehende Verbindl.)	0,24 €
	~0,00 €

Literatur- und Quellenverzeichnis

Adam, D. (1997), Investitionscontrolling, 2., bearb. und erw. Auflage, München u. a. 1997

Adelmeyer, M. und Warmuth, E. (2009), Finanzmathematik für Einsteiger: Von Anleihen über Aktien zu Optionen, 2., durchgesehene Auflage, Nachdruck, Wiesbaden 2009

Amely, T. und Suciu-Sibianu, P. (2001), Realoptionsbasierte Unternehmensbewertung – ein Praxisbeispiel, in: Finanz-Betrieb, 2/2001, S. 88-92

Amram, M. und Kulatilaka, N. (1999), Real Options: Managing Strategic Investment in an Uncertain World, Boston 1999

Baecker, P.N. u. a. (2003), Marktorientierte Investitionsrechnung bei Unsicherheit, Flexibilität und Irreversibilität – Eine Systematik der Bewertungsverfahren, in: Hommel, U. u. a. (Hrsg., 2003), Reale Optionen: Konzepte, Praxis und Perspektiven strategischer Unternehmensfinanzierung, Berlin u. a. 2003, S. 15-35

Ballwieser, W. (2002), Unternehmensbewertung und Optionspreistheorie, in: Die Betriebswirtschaft, Jg. 62, 2002, S. 184-201

Barnett, M.L. (2005), Paying attention to real options, in: R&D Management, 35, 1, 2005, S. 61-72

Bärtl, M. (2005), Ökonomische Teilchen und produktionstechnisches Potential: Ein Teilchenkonzept in einer wirtschaftswissenschaftlichen Umsetzung der Gibbs-Falk-Dynamik, Hamburg 2005

Batran, A. (2008), Realoptionen in der Lieferantenentwicklung: Bewertung von Handlungsspielräumen dynamischer Wertschöpfungspartnerschaften, Wiesbaden 2008

Berndt, R. u. a. (Hrsg., 1998), Springers Handbuch der Betriebswirtschaftslehre 2, Berlin u. a. 1998

Berner, C. u. a. (2005), Die Berücksichtigung des unternehmensindividuellen Risikos in der Unternehmensbewertung: Eine empirisch gestützte Untersuchung des Beta-Faktors, in: Finanz-Betrieb, 11/2005, S. 711-718

Bonduelle, Y. u. a. (2003), Anwendungsmöglichkeiten der Realoptionsbewertung, in: Hommel, U. u. a. (Hrsg., 2003), Reale Optionen: Konzepte, Praxis und Perspektiven strategischer Unternehmensfinanzierung, Berlin u. a. 2003, S. 3-13

Brade, J. (2005), Strategisches Management in der außeruniversitären Forschung: Entwicklung einer Konzeption am Beispiel der Helmholtz-Gemeinschaft, Wiesbaden 2005

Bradtke, T. (1999), Statistische Grundlagen für Ökonomen, München u. a. 1999

Brenner, S. u. a. (2007), Realoptionen und Immobilienbewertung: Eine Umsetzungsstudie, in: Zeitschrift für betriebswirtschaftliche Forschung, Jg. 59, Dezember 2007, S. 1002-1028

Bucher, M. u. a. (2002), Unternehmensbewertung mit Realoptionen, in: Der Schweizer Treuhänder, 2002/9, S. 779-786

Budäus, D. (Hrsg. 2005), Governance von Profit- und Nonprofit-Organisationen in gesellschaftlicher Verantwortung, Wiesbaden 2005

Büch, C. (2006), Bewertung von Immobilienprojekten mittels Realoptionsansatz, in: Immobilien & Finanzierung, 22 / 2006, S. 782-785

Büschgen, H.E. (1998), Bankbetriebslehre: Bankgeschäfte und Bankmanagement, 5., vollst. überarb. und erw. Auflage, Wiesbaden 1998

Bundesregierung (Hrsg., 2008), Fortschrittsbericht 2008: Zur nationalen Nachhaltigkeitsstrategie – Für ein nachhaltiges Deutschland, verfügbar auf den Seiten der Bundesregierung, URL: http://www.bundesregierung.de/Webs/Breg/nachhaltigkeit/Content/StatischeSeiten/teaser-entwurfspapier.html, Stand 2008

Copeland, T.E. u. a. (2008), Finanzierungstheorie und Unternehmenspolitik: Konzepte der kapitalmarktorientierten Unternehmensfinanzierung, 4., akt. Auflage, München u. a. 2008

Copeland, T.E. und Antikarov, V. (2001), Real Options: A Practitioner's Guide, New York u. a. 2001

Crasselt, N. und Tomaszewski, C. (2002), Realoptionen: Systematisierung und typische Anwendungsfelder, in: M&A Review 3/2002, S. 131-137

Dangl, T. und Kopel, O. (2003), Die Bedeutung vollständiger Märkte für die Anwendung des Realoptionsansatzes, in: Hommel, U. u. a. (Hrsg., 2003), Reale Optionen: Konzepte, Praxis und Perspektiven strategischer Unternehmensfinanzierung, Berlin u. a. 2003, S. 37-62

Deutsche Bank (2010a), Gesellschaftliche Verantwortung, URL: http://www.deutsche-bank.de/csr/de/content/7564.htm, Zugriff am 29.05.2010

Deutsche Bank (2010b), Investor Relations, URL: http://www.deutsche-bank.de/ir/de/content/kapitalmanagement.htm, Zugriff am 29.05.2010

Deutsche Bundesbank (2005), Zur Rolle von Volatilitätsmustern an den Finanzmärkten, in: Monatsbericht September 2005, S. 71-76

Dillerup, R. und Stoi, R. (2006), Unternehmensführung, München 2006

Eayrs, W.E. u. a. (2007), Corporate Finance Training: Planung, Bewertung und Finanzierung von Unternehmen, Stuttgart 2007

Fiedler, L. (2007), Stakeholderspezifische Wirkung von Corporate Brands: Ein Modell zur integrierten Evaluation und Steuerung von Unternehmensmarken, Wiesbaden 2007

Fischer, T.R. u. a. (1999), Kapitalmarkttheoretische Ansätze zur Berücksichtigung von Handlungsspielräumen in der Unternehmensbewertung, in: Zeitschrift für Betriebswirtschaft, 69. Jg., 1999, H.10, S. 1207-1232

Fischer-Winkelmann, W.F. und Busch, K. (2009), Die praktische Anwendung der verschiedenen Unternehmensbewertungsverfahren: Empirische Untersuchung im steuerberatenden Berufsstand, 1. Allgemeiner Teil zur Bewertungspraxis, in: Finanz-Betrieb, 11/2009, S. 635-656

Freihube, K. (2001), Die Bedeutung und die Bewertung von Realoptionen (Handlungsspielräumen) in der wertorientierten Unternehmensführung, Dissertation am Fachbereich Wirtschaftswissenschaften der Freien Universität Berlin, Berlin 2001

Friedl, G. (2002), Der Realoptionsansatz zur Bewertung von Investitionen und Akquisitionen, in: M&A Review, 2/2002, S. 73-80

Friedl, G. (2003), Bewertung von Investitionen in die Entwicklung neuer Produkte mit Hilfe des Realoptionsansatzes, in: Hommel, U. u. a. (Hrsg., 2003), Reale Optionen: Konzepte, Praxis und Perspektiven strategischer Unternehmensfinanzierung, Berlin u. a. 2003, S. 377-397

Gabler Wirtschaftslexikon (2000), o.V. (8 Bände), 15., vollst. überarb. und akt. Auflage, Wiesbaden 2000

Gammelin, K. und Kloy, J.W. (2006), Risikomessung – Normalverteilung oder Mean-Reversion Modelle?, in: Risiko Manager, 05/2006, S. 1-12

Gantenbein, P. und Gehrig, M. (2007), Moderne Unternehmensbewertung: Bewertungsziel mit Methodenmix erreichen, in: Der Schweizer Treuhänder, 2007/9, S. 602-612

Gleißner, W. (2004), Auf nach Monte Carlo: Simulationsverfahren zur Risikoaggregation, in RiskNews 01/04, S. 31-37

Gleißner, W. und Meier, G. (2001), Risikoaggregation mittels Monte-Carlo-Simulation, in: Hallmann, T. und Kirchner, W. (Hrsg., 2001), Reader zum Thema Controlling in Versicherungsunternehmen: Band 2, Karlsruhe 2001, S. 221-223

Goldman Sachs (2007), Volatilitäts-Kompass, verfügbar auf den Seiten von Goldman Sachs, URL: http://www.goldman-sachs.de/default/ kompass_magazin/ default/nav_id,39, Stand: 01.08.2007

Görlitz, J. (2007), Die Bedeutung des Anspruchsgruppenkonzepts im strategischen Management, in: Zeitschrift für Planung & Unternehmenssteuerung, 2007, Vol. 17, Nr. 4, S. 411-431

Götze, U. (1998), Investition, in: Berndt, R. u. a. (Hrsg., 1998), Springers Handbuch der Betriebswirtschaftslehre 2, Berlin u. a. 1998, S. 1-50

Götze, U. (2008), Investitionsrechnung: Modelle und Analyse zur Beurteilung von Investitionsvorhaben, 6. Auflage, Berlin u. a. 2008

Grant, R.M. und Nippa, M. (2006), Strategisches Management: Analyse, Entwicklung und Implementierung von Unternehmensstrategien, 5., akt. Auflage, München u. a. 2006

Hahnenstein, L. u. a. (2002), Realoptionen und flexible Planung in der Investitionsrechnung, in: Wirtschaftswissenschaftliches Studium, Heft 12, 2002, S. 729-732

Hallmann, T. und Kirchner, W. (Hrsg., 2001), Reader zum Thema Controlling in Versicherungsunternehmen: Band 2, Karlsruhe 2001

Hartmann, M. (2006), Realoptionen als Bewertungsinstrument für frühe Phasen der Forschung und Entwicklung in der pharmazeutischen Industrie, Dissertation an der Fakultät II für Mathematik und Naturwissenschaften, Technische Universität Berlin, Berlin 2006

Heidorn, T. (2009), Finanzmathematik in der Bankpraxis: Vom Zins zur Option, 6., überarb. und erw. Auflage, Wiesbaden 2009

Heinen, E. (1992), Einführung in die Betriebswirtschaftslehre, 9., verb. Auflage, Nachdruck, Wiesbaden 1992

Hilpisch, Y. (2006), Options Based Management: Vom Realoptionsansatz zur optionsbasierten Unternehmensführung, Wiesbaden 2006

Hofmann, N. u. a. (2007), Investitions-, Finanz- und Working Capital Management als Stellhebel zur Steigerung der Kapitaleffizienz: Stand und neuere Entwicklungen, in: Controlling, Heft 3, März 2007, S. 153-163

Hommel, U. u. a. (Hrsg., 2001), Realoptionen in der Unternehmenspraxis: Wert schaffen durch Flexibilität, Berlin u. a. 2001

Hommel, U. u. a. (Hrsg., 2003), Reale Optionen: Konzepte, Praxis und Perspektiven strategischer Unternehmensfinanzierung, Berlin u. a. 2003

Hommel, U. und Lehmann, H. (2001), Die Bewertung von Investitionsprojekten mit dem Realoptionsansatz – Ein Methodenüberblick, in: Hommel, U. u. a. (Hrsg., 2001), Realoptionen in der Unternehmenspraxis: Wert schaffen durch Flexibilität, Berlin u. a. 2001, S. 113-129

Hommel, U. und Müller, J. (1999), Realoptionsbasierte Investitionsbewertung, in Finanz-Betrieb, 8/1999, S. 177-188

Hommel, U. und Müller, J. (2000), Tauschoptionen: Kernbausteine realoptionsbasierter Investitionsrechnung, in: Finanz-Betrieb, 2/2000, S. 72-77

Hommel, U. und Pritsch, G. (1999), Marktorientierte Investitionsbewertung mit dem Realoptionsansatz: Ein Implementierungsleitfaden für die Praxis, in: Finanzmarkt und Portfoliomanagement, Vol. 13, No. 2, 1999, S. 121-144

Hopfenbeck, W. (2002), Allgemeine Betriebswirtschafts- und Managementlehre: Das Unternehmen im Spannungsfeld zwischen ökonomischen, sozialen und ökologischen Interessen, 14. Auflage, München 2002

Hull, J.C. (2001), Einführung in Futures- und Optionsmärkte, 3. Auflage, München u. a. 2001

Hull, J.C. (2009), Optionen, Futures und andere Derivate, 7., akt. Auflage, München u. a. 2009

Hungenberg, H. u. a. (2005), Einsatzfelder und Operationalisierung der Realoptionstheorie: Implikationen für die wertorientierte Unternehmensführung, Arbeitspapier 05-01, verfügbar auf den Seiten des Lehrstuhls für Unternehmensführung, WiSo-Fakultät, Universität Erlangen-Nürnberg, URL: http://www.management.wiso.uni-erlangen.de/Forschung/Arbeitspapiere.htm, Zugriff am 05.06.2010

Hungenberg, H. und Wulf, T. (2006), Grundlagen der Unternehmensführung, 2., akt. Auflage, Berlin u. a. 2006

Institut der deutschen Wirtschaft (Hrsg., 2009), Deutschland in Zahlen 2009, Köln 2009

Jacobi, F. (2005), ARCH-Prozesse und ihre Erweiterungen: Eine empirische Untersuchung für Finanzmarktzeitreihen, Arbeitspapier Nr. 31, verfügbar auf den Seiten des Instituts für Statistik und Ökonometrie, Johannes Gutenberg-Universität Mainz, URL: http://www.statoek.vwl.uni-mainz.de/125.php, Zugriff am 08.06.2010

Kehrel, U. und Schmitting, W. (2008), Jenseits der Grenzen der klassischen Investitionsrechnung: Integration von Vollständigen Finanzplänen, flexibler Planung und Simulation, in Zeitschrift für Planung & Unternehmenssteuerung, 2008, 19, S. 59-83

Knollmann, J. und Krolle, S. (2003), Risikoorientierte Vertragsgestaltung und optionsbasierte Bewertung bei Unternehmenstransaktionen: Fallstudie aus der Halbleiterindustrie, in: Hommel, U. u. a. (Hrsg., 2003), Reale Optionen: Konzepte, Praxis und Perspektiven strategischer Unternehmensfinanzierung, Berlin u. a. 2003, S. 199-218

Körnert, J. und Wolf, C. (2007), Systemtheorie, Shareholder Value-Konzept und Stakeholder-Konzept als theoretisch-konzeptionelle Bezugsrahmen der Balanced Scorecard, in: Zeitschrift für Controlling & Management, 51. Jg. 2007, H. 2, S. 130-140

Krämer, W. (2000), Statistische Besonderheiten von Finanzmarktdaten, unveröffentlichtes Diskussionspapier, verfügbar auf den Seiten der TU Dortmund, Fakultät Statistik, URL: http://www.statistik.tu-dortmund.de/sfb-tr20000.html, Zugriff am 26.07.2010

Krolle, S. und Oßwald, U. (2003), Real Option Valuation^{TM}: Synthese von Strategie und Wert: Anwendungsbeispiel für ein Internet Portal, in: Hommel, U. u. a. (Hrsg., 2003), Reale Optionen: Konzepte, Praxis und Perspektiven strategischer Unternehmensfinanzierung, Berlin u. a. 2003, S. 175-198

Laux, H. (2005), Entscheidungstheorie, 6. Auflage, Berlin u. a. 2005

Lewis, N.A. u. a. (2008), Can we capture the value of option volatility?, in: The Engineering Economist, 53, 2008, S. 230-258

Lüers, T. (2006), Shareholder Value-Orientierung im Marketing: Messung und Erfolgsauswirkungen, Wiesbaden 2006

Martin, R. (2010), Das Zeitalter des Kundenkapitalismus, in: Harvard Business Manager, März 2010, S. 76-85

Mattar, M. und Cheah, C.Y.J. (2006), Valuing large engineering projects under uncertainty: private risk effects and real options, in: Construction Management and Economics, 24, 2006, 8, S. 847-860

Meyer, B.H. (2006), Stochastische Unternehmensbewertung: Der Wertbeitrag von Realoptionen, Wiesbaden 2006

Müller, D. (2004), Realoptionsmodelle und Investitionscontrolling im Mittelstand: Eine Analyse am Beispiel umweltfokussierter Investitionen, Wiesbaden 2004

Müller, D. (2005), Bewertung von Handlungssequenzen im Rahmen eines Innovationsprojekts, in: Finanz-Betrieb, 3/2005, S. 176-185

Müller, J. (2001), Bewertung von Markteintrittsoptionen unter Berücksichtigung des Wettbewerbs – dargestellt am Beispiel des polnischen Retail-Banking Markts, in: Hommel, U. u. a. (Hrsg., 2001), Realoptionen in der Unternehmenspraxis: Wert schaffen durch Flexibilität, Berlin u. a. 2001, S. 303-324

Neubauer, G. (2001), Grundzüge der Volkswirtschaftslehre, 3., überarb. Auflage, Bayreuth 2001

Nichols, N. (1994), Scientific Management at Merck: An Interview with CFO Judy Lewent, Harvard Business Review (January-February 1994), S. 89-105

Nippa, M. und Petzold, K. (2003), Zur Anwendbarkeit des Realoptionenansatzes als Instrument zur Unterstützung strategischer Entscheidungsprozesse – Indizien kontingenztheoretischer Bewertungsnotwendigkeiten, in: Schreyögg, G. und Sydow, J. (Hrsg., 2003), Strategische Prozesse und Pfade, Managementforschung 13, Wiesbaden 2003, S. 151-194

Nowak, K. (2003), Marktorientierte Unternehmensbewertung: Discounted Cash Flow, Realoption, Economic Value Added und der Direct Comparison Approach, 2., akt. Auflage, Wiesbaden 2003

Peemöller, V.H. (Hrsg., 2002), Praxishandbuch der Unternehmensbewertung, 2. Auflage, Herne u. a. 2002

Peemöller, V.H. und Beckmann, C. (2002), Der Realoptionsansatz, in: Peemöller, V.H. (Hrsg., 2002), Praxishandbuch der Unternehmensbewertung, 2. Auflage, Herne u. a. 2002, S. 735-749

Perridon, L. u. a. (2009), Finanzwirtschaft der Unternehmung, 15., überarb. und erw. Auflage, München 2009

Perridon, L. und Steiner, M. (2004), Finanzwirtschaft der Unternehmung, 13. überarb. und erw. Auflage, München 2004

Pfeifer, A. (2009), Praktische Finanzmathematik: Mit Futures, Optionen, Swaps und anderen Derivaten, 5., überarb. Auflage, Frankfurt am Main 2009

Picot, A. u. a. (2008), Organisation: Eine ökonomische Perspektive, 5., akt. und überarb. Auflage, Stuttgart 2008

Poggensee, K. (2009), Investitionsrechnung: Grundlagen – Aufgaben – Lösungen, Wiesbaden 2009

Pritsch, G. und Weber, J. (2003), Die Bedeutung des Realoptionsansatzes aus Controlling-Sicht, in: Hommel, U. u. a. (Hrsg., 2003), Reale Optionen: Konzepte, Praxis und Perspektiven strategischer Unternehmensfinanzierung, Berlin u. a. 2003, S. 143-172

Puma, J. (2002), Implementierung wertorientierter Unternehmensführung: Konzeption und Evaluation einer unternehmensweiten Maßnahme zum Kompetenzaufbau, Frankfurt am Main u. a. 2002

Rams, A. (1999), Realoptionsbasierte Unternehmensbewertung, in: Finanz-Betrieb, 11/1999, S. 349-364

Rau-Bredow, H. (2002), Value at Risk, Normalverteilungshypothese und Extremwertverhalten, in: Finanz-Betrieb, 10/2002, S. 603-607

Romeike, F. und Hager, P. (2009), Erfolgsfaktor Risiko-Management 2.0: Methoden, Beispiele, Checklisten – Praxishandbuch für Industrie und Handel, 2., vollst. überarb. und erw. Auflage, Wiesbaden 2009

Ruhsert, J. u. a. (2008), Wertorientiertes Portfoliomanagement: Unternehmenssteuerung nach der Kunden- und Produktprofitabilität, 2., erg. Auflage, München 2008

Schäfer, H. und Schässburger, D. (2003), Bewertung eines Start-up-Unternehmens mit Hilfe des Realoptionsansatzes, in: Hommel, U. u. a. (Hrsg., 2003), Reale Optionen: Konzepte, Praxis und Perspektiven strategischer Unternehmensfinanzierung, Berlin u. a. 2003, S. 283-315

Schärer, M. und Botteron, P. (2001), Wie lässt sich der Wert strategischer Projekte bestimmen?, in: Der Schweizer Treuhänder, 2001/11, S. 1119-1126

Schira, J. (2005), Statistische Methoden der VWL und BWL: Theorie und Praxis, 2., überarb. Auflage, München u. a. 2005

Schmid, F. und Trede, M. (2006), Finanzmarktstatistik, Berlin u. a. 2006

Schreyögg, G. und Sydow, J. (Hrsg., 2003), Strategische Prozesse und Pfade, Managementforschung 13, Wiesbaden 2003

Schulmerich, M. (2003), Einsatz und Pricing von Realoptionen – Einführung in grundlegende Bewertungsansätze, in: Hommel, U. u. a. (Hrsg., 2003), Reale Optionen: Konzepte, Praxis und Perspektiven strategischer Unternehmensfinanzierung, Berlin u. a. 2003, S. 63-96

Seiler, Y. und Stauber, J. (2003), Realoptionsbewertung: Eine Fallstudie, in: Financial Markets and Portfolio Management, Vol. 17, 2003, No. 1, S. 117-130

Statistisches Bundesamt (2010), Wirtschaft und Statistik, Ausgabe 3/2010, verfügbar auf den Seiten des Statistischen Bundesamtes, URL: www.destatis.de/publikationen, Zugriff am 15.06.2010

Stührenberg, L. u. a. (2003), Wertorientierte Unternehmensführung: Theoretische Konzepte und empirische Befunde, Wiesbaden 2003

Tebroke, H.-J. und Tietze, C. (2005), Die Bedeutung der Venture-Capital Finanzierung für das Underpricing von Aktienneuemissionen am Neuen Markt, in: Budäus, D. (Hrsg. 2005), Governance von Profit- und Nonprofit-Organisationen in gesellschaftlicher Verantwortung, Wiesbaden 2005, S. 267-290

Treptow, G. (2004), Realoptionen im Direktvertrieb: Implementierungsbeispiel anhand eines realen Investitionsprojektes, Wiesbaden 2004

Uszczapowski, I. (2008), Optionen und Futures verstehen: Grundlagen und neue Entwicklungen, 6., akt. und erw. Auflage, München 2008

Varian, H.R. (2001), Grundzüge der Mikroökonomik, 5., überarb. Auflage, München u. a. 2001

Vollrath, R. (2003), Die Berücksichtigung von Handlungsflexibilität bei Investitionsentscheidungen: Eine empirische Untersuchung, in: Hommel, U. u. a. (Hrsg., 2003), Reale Optionen: Konzepte, Praxis und Perspektiven strategischer Unternehmensfinanzierung, Berlin u. a. 2003, S. 341-373

Walter, G. und Borchert, J. (2002), Der Einsatz von Realoptionen in der Elektrizitätswirtschaft, in: M&A Review, 4/2002, S. 198-204

Weiser, M.F. (2003), Marktgestützte Realoptionsbewertung von Unternehmen, in: Finanz-Betrieb, 5/2003, S. 279-283

Wöhe, G. (2000), Einführung in die Allgemeine Betriebswirtschaftslehre, 20., neubearb. Auflage, München 2000

Zaklasnik, M. (2004), Realoptionen: Strategieempfehlung greifbar machen, Studie der Detecon Consulting, verfügbar auf den Seiten der Detecon Consulting, URL: www.detecon.com/de/publikationen/studien/studien.html?unique_id=2096, Stand: 30.01.2004

Zantow, R. (2007), Finanzwirtschaft der Unternehmung: Die Grundlagen des modernen Finanzmanagements, 2., akt. Auflage, München u. a. 2007

Zimmermann, H. (1998), State-Preference Theorie und Asset Pricing: Eine Einführung, Heidelberg 1998